CB140793

CRENÇAS E VALORES
EM NOSSAS ORGANIZAÇÕES

Aos irmãos e amigos ausentes Adalberon Felipe, Pablo Figols, Juan Bonvehi, Manoel Gonçalves e Aldo Augelli.

A todos que convivem conosco e nos estimulam nesta fantástica aventura que é a vida.

ALEXANDRE GARRETT
TAKESHY TACHIZAWA

CRENÇAS E VALORES EM NOSSAS ORGANIZAÇÕES

EDITORA DE CULTURA

2006 © Alexandre Garrett & Takeshy Tachizawa
2006 © Editora de Cultura Ltda.

Direitos desta edição reservados a
EDITORA DE CULTURA
Rua José de Magalhães, 28
04026-090 - São Paulo - SP
Fone: (11) 5549-3660
Fax: (11) 5549-9233
sac@editoradecultura.com.br
www.editoradecultura.com.br

Nenhuma parte deste livro poderá ser reproduzida, armazenada ou transmitida sob qualquer forma ou através de qualquer meio sem prévia autorização por escrito da Editora. Além de gerar sanções civis, a violação de direitos autorais caracteriza crime descrito na legislação em vigor.

Primeira edição: Outubro de 2006
Impressão: 5ª 4ª 3ª 2ª 1ª
Ano: 10 09 08 07 06

Dados Internacionais de Catalogação na Publicação (CIP)
(Câmara Brasileira do Livro, SP, Brasil)

Garrett, Alexandre
Crenças e valores em nossas organizações / Alexandre Garrett, Takeshy Tachizawa. -- São Paulo : Editora de Cultura, 2006. -- (Coleção gestão & RH)
Bibliografia.
208 p. : 16 x 23 cm

ISBN 85-293-0107-2

1. Administração de empresas 2. Administração de pessoal 3. Administração de recursos humanos - Treinamento I. Tachizawa, Takeshy. II. Título. III. Série.

06-7583 CDD-658.3

Índices para catálogo sistemático:
1. Administração de pessoal : Administração de empresas 658.3
2. Administração de recursos humanos : Administração de empresas 658.3

Sumário

Apresentação 9

Prefácio 12

PARTE I

O ambiente empresarial 15

Visão geral 16

1. Da prática à teoria das organizações 19
   - Evolução da ordem econômica 24
   - Sobre empresas e organizações 34
2. Valorização das pessoas 43
   - Dimensões e perspectivas históricas 45
   - Outras perspectivas no estudo das organizações 52
3. Responsabilidade social empresarial 59
   - A arte como transformação social 67
   - Transparência corporativa 70

PARTE II

Recursos humanos e gestão com pessoas 71

Visão geral 72

4. Treinamento e educação corporativa 80
   - Recrutamento, carreira e avaliação de desempenho 84
   - Treinamento de integração 86
5. Liderança e trabalho em equipe 87
6. Reconhecimento e recompensas 96
   - Estratégias salariais 96
   - Benefícios e salários indiretos 99
7. Clima organizacional e qualidade de vida 100

8. A tecnologia tem a resposta 112
9. As decisões na gestão com pessoas 121

PARTE III
Estratégias em diferentes contextos 132
Visão geral 133
10. Você trabalha por comissão? 137
Características das empresas comerciais 138
Estratégias e gestão com pessoas 142
11. Uma nova revolução industrial 145
Características das empresas industriais 146
Estratégias e gestão com pessoas 148
12. Do artesanato aos serviços 150
Características das empresas de serviços 152
Estratégias e gestão com pessoas 155

Posfácio 159

APÊNDICES
A. Resenhas e índice remissivo dos filmes 166
B. Filmes relacionados por matérias e disciplinas 186

Bibliografia 199
Sites úteis para pesquisa 203

Apresentação

A gestão empresarial, focada nas pessoas que compõem a organização, é analisada na presente obra à luz de filmes e eventos corporativos relacionados ao ambiente dos negócios. As histórias e os casos apresentados fazem uma analogia com a capacidade das pessoas de se agrupar como organização e como força de trabalho coesa, para tomar decisões e solucionar problemas. São enredos que podem explicar o porquê dos contrastes tão visíveis entre diferentes organizações empresariais. Podem auxiliar na compreensão de fenômenos, como a alta margem de lucros de algumas organizações (empresas petrolíferas, telecomunicações, bancos, papel e celulose, química e petroquímica etc.) e de outras que têm baixíssimos índices de rentabilidade, tais como empresas supermercadistas, postos de gasolina etc. Esta obra pode, ainda, esclarecer por que algumas empresas pagam mais de 70% de impostos de tudo aquilo que vendem (por exemplo, indústria do fumo, bebidas e afins) e a existência de casos, como a empresa automotiva que, além de sobreviver com a venda de veículos automotores, comercializa lingüiça, que em volume de produtos representa três vezes mais que o de carros.

No contexto de certos filmes apresentados, que guardam relação com os conceitos da Escola Clássica, projeta-se a idéia de que a qualidade de vida é fundamental, e a concorrência e a competição, por si só, não são mais sustentáveis no âmbito das organizações. As pessoas são colocadas, indevidamente, para trabalhar febrilmente nas organizações, sob pressão da eficiência, na forma de redução do tempo despendido nas atividades desenvolvidas.

A produtividade e a preocupação com a compressão do tempo no âmbito das organizações são enfatizadas em alguns filmes, em detrimento da qualidade de vida, da degradação ambiental e das questões de ética e de responsabilidade social (que, de tão importantes, deveriam ser internalizadas em seu planejamento estratégico). A integração entre os segmentos organizacionais e partes de um todo maior, com enfoque holístico, é possível de ser visualizada no enredo dos filmes como uma analogia sistêmica aplicável ao universo empresarial. Esse fator temporal, por exemplo, fica ilustrado nas decisões tomadas pelos executivos da Administração Espacial no filme "Apolo 13", quando poucos minutos sem comunicação entre a espaçonave e o controle de vôo em terra separam a vida da morte de todos os seus ocupantes. Tais questões instigam reflexões sobre as necessárias mudanças de prioridades nas organizações, com a eliminação ou afastamento daquelas atividades causadoras de pressão sobre as pessoas e a troca por outros valores como a ética, qualidade de vida, desenvolvimento sustentável, projetos comunitários e interação maior entre os seres humanos.

Fica evidente pela leitura e interpretação dos filmes que, metaforicamente, o comportamento do ser humano é função direta do meio ambiente que o cerca. Daí a necessidade de uma coexistência entre o indivíduo e o contexto interno e externo às organizações, no qual esse está inserido, para obtenção dos resultados econômicos almejados. Filmes como "A história de uma fraude - caso Enron", "A firma", "Wall Street", "O informante", entre outros, enfatizam a importância crucial do fator humano no ambiente empresarial. São filmes, positiva ou negativamente, relacionados a um novo contexto econômico e caracterizados por uma rígida postura dos clientes com organizações que sejam éticas, com boa imagem institucional no mercado e que atuem de forma responsável.

Um filme normalmente tem um personagem forte e relacionado a uma história robusta. O roteiro determina com clareza o que move o protagonista e os coadjuvantes. O leitor, adotando-os como referência, pode visualizar os aspectos de liderança organizacional de que tratam a Teoria de Administração e a Escola das Relações. Produção como, por exemplo, "O gladiador", bastante contemporâneo, serve para refletir sobre o verdadeiro objetivo da guerra, que é a paz. Este e outros princípios prescritos por Sun Tzu há 2.500 anos, conforme fatos verídicos relatados na fita, são contrariados e tornam a se repetir na história recente da humanidade.

A tecnologia pela tecnologia é destacada como reflexão naqueles filmes pertinentes a esse tema, que tornam evidente que a tecnologia é a resposta, mas... qual seria a pergunta que a motivou? O trabalho em equipe é ressaltado na forma de metáfora como uma característica fundamental para a melhoria do clima organizacional nos ambientes empresariais de alto desempenho.

São abordados, ainda, conceitos relacionados às teorias neoclássicas, teoria da contingência e recentes tecnologias de gestão, como possibilidades metodológicas para diagnosticar as organizações de forma diferenciada, segundo os ramos de negócios a que pertencem. Desse enfoque surgiu, como colaboração dos autores, uma proposta de análise do contexto empresarial para fins de formulação de estratégias de gestão com pessoas em diferentes organizações existentes na economia nacional.

Outros fatores e referenciais de gestão de negócios, segundo recentes contribuições e perspectivas surgidas no campo da Administração, também são abordados em termos de tecnologias de gestão e de informática para o exercício das diferentes funções organizacionais.

A analogia entre filmes e eventos empresariais ocorridos no mundo dos negócios foi feita com o intuito de apresentar os conceitos relacionados à Administração de Recursos Humanos e à Gestão com Pessoas de maneira prática e didática. Da mesma forma, fruto da vivência dos autores como empresários, houve a percepção da necessidade de uma literatura, voltada a executivos e profissionais de nível gerencial, que proporcionasse o competente embasamento conceitual para fundamentar decisões estratégicas no dia-a-dia de suas organizações.

O leitor, adotando este livro de Alexandre Garrett e Takeshy Tachizawa como referência no estudo das teorias aplicadas à gestão empresarial, pode descortinar um universo de possibilidades acadêmicas e profissionais a partir das experiências retratadas nos casos e filmes sobre os mais diversos temas relacionados ao mundo corporativo.

Rui Otávio Bernardes de Andrade
Presidente do CFA - Conselho Federal de Administração

Prefácio

Este livro é o resultado de longos anos vivenciando experiências e casos ocorridos no mundo dos negócios e confrontados com os conceitos de Administração disponibilizados pelo atual estado-da-arte em gestão empresarial. O mesmo pode ser lido em qualquer ordem, dada a sua estruturação em módulo e em função do interesse diferenciado de cada leitor, em face da constatação de seus diferentes estágios de conhecimento dos assuntos abordados. Sugere-se, entretanto, que em condições normais seja observada a ordem original desta obra, que segue uma seqüência lógica de encadeamento das idéias e teorias abordadas.

A Parte I, composta pelos capítulos 1, 2 e 3, aborda conceitos, características e as diferentes visões e dimensões das organizações. Descreve os aspectos presentes na criação de um novo empreendimento e do funcionamento das organizações em termos sistêmicos. Apresenta, ainda, uma base conceitual e prática para se entender o contexto histórico da Gestão Empresarial.

No Capítulo 1, Da prática à teoria das organizações, ressaltam-se aspectos conceituais para compreender uma empresa com fins lucrativos e os demais tipos de organizações. Enfoca-se, também, a gênese de um empreendimento, em termos formais, com ênfase no seu relacionamento com fornecedores, clientes e demais agentes econômicos.

O Capítulo 2, Valorização das pessoas, mostra as teorias e os pensamentos de diferentes estudiosos da Administração em direção a uma gestão centrada nas pessoas.

No Capítulo 3, Responsabilidade social empresarial, apresentam-se os recentes conceitos de governança e responsabilidade corporativa, bem como novas abordagens relacionadas à responsabilidade social e ambiental.

Na Parte II, constituída pelos capítulos 4, 5, 6, 7, 8 e 9, enfatiza-se a influência do fator humano na obtenção de melhores resultados no contexto empresarial. Aborda-se a evolução, ao longo do tempo, do tradicional departamento de pessoal, passando pela divisão de relações industriais até a gestão com pessoas.

O Capítulo 4, Treinamento e educação corporativa, descreve as principais técnicas de treinamento e sua evolução para os inovadores programas de educação corporativa.

No Capítulo 5, Liderança e trabalho em equipe, explicitam-se outros fatores intangíveis presentes na gestão com pessoas, motivadas e lideradas de forma a tornar as organizações mais produtivas. São apresentadas as possibilidades do trabalho em equipe como diferencial competitivo no contexto das organizações.

O Capítulo 6, Reconhecimento e recompensas, mostra as diferentes estratégias de cargos e salários que podem ser adotadas pelas organizações em busca de melhores resultados corporativos.

No Capítulo 7, Clima organizacional e qualidade de vida, são explicados os conceitos e princípios que tornam os ambientes de trabalho mais produtivos em termos de clima organizacional.

O Capítulo 8, Impacto da tecnologia na natureza do trabalho, procura caracterizar as mudanças na maneira de trabalhar e seus efeitos na gestão com pessoas.

No Capítulo 9, Alinhamento estratégico das decisões, há uma proposta de hierarquizar as decisões empresariais, particularmente as relacionadas à gestão com pessoas, associando-as aos objetivos da organização.

A Parte III, formada pelos capítulos 10, 11 e 12, procura analisar os diferentes tipos de organizações no universo empresarial brasileiro, bem como as possibilidades de enfoques organizacionais diferenciados. São abordadas as estratégias de gestão com pessoas nas diferentes categorias de empresas. A influência do porte e das características e estratégias genéricas, que prevalecem nas organizações das diferentes atividades econômicas, é tratada no contexto das estratégias específicas de gestão com pessoas.

O Capítulo 10, Você trabalha por comissão?, evidencia e estabelece as naturais estratégias genéricas pertinentes a empresas varejistas, atacadistas e outras assemelhadas, que intermedeiam a produção e o consumo por parte dos clientes finais.

No Capítulo 11, Uma nova revolução industrial, estão descritas as diferentes estratégias genéricas, normalmente presentes nas empresas manufatureiras da economia nacional.

No Capítulo 12, Do artesanato aos serviços, estão relacionadas as diferentes organizações de serviços e correspondentes características e estratégias genéricas existentes no mundo dos negócios.

O Posfácio faz uma revisão geral dos pontos mais importantes tratados nesta obra.

Os exemplos e casos foram apresentados na forma de empresas reais ou fictícias, meramente para efeito didático e ilustrativo. Foram baseados em enredos de filmes e trabalhos de consultoria e assessoramento realizados em diversas organizações. Essas abordagens práticas foram estruturadas considerando, portanto, dados obtidos de várias fontes e, principalmente, acesso via internet a sites específicos de organizações que são referência no contexto empresarial.

Para esse efeito, foram consultados balanços, demonstrações financeiras e reportagens publicadas em jornais e revistas especializadas, com destaque para *Gazeta Mercantil*, *Gestão e RH* e *Exame*. Foram inventariados e analisados filmes que, em linguagem universal, abordam o trabalho em equipe, estratégias empresariais, gestão com pessoas, convergência tecnológica das comunicações e informática e que são questões atualmente presentes na gestão de negócios. Cabe mencionar, ainda, as obras dos autores – *Grandes idéias, líderes especiais, empresas vitoriosas: o ato de gerenciar pessoas com sucesso*, de Alexandre Garrett e Fernando Luís Dias, e *Gestão com pessoas: uma abordagem aplicada às estratégias de negócios*, *Criação de negócios: gestão de micro e pequenas empresas*, *Gestão ambiental e responsabilidade social corporativa* e *Organizações não-governamentais e terceiro setor*, de Takeshy Tachizawa – como precursoras nos temas desenvolvidos neste livro.

Parte I

O AMBIENTE EMPRESARIAL

Visão geral

1. Da prática à teoria das organizações *(A firma; Chocolate; Com o dinheiro dos outros; Do que as mulheres gostam; Mauá: O imperador e o rei; O nome da rosa; Tempos modernos; Presente de grego; Uma linda mulher; Tucker: um homem e seu sonho).*
2. Valorização das pessoas *(Henry Ford: a história da indústria automobilística; A queda do império romano; Monstros S.A.; O sucesso a qualquer preço; A firma; A história de uma fraude: o caso Enron; O amor é contagioso; Piratas da informática; Ameaça virtual; Erin Brockovich - uma mulher de talento; Wall Street: poder e cobiça; Simone).*
3. Responsabilidade social empresarial *(Erin Brockovich - uma mulher de talento; O informante; O amor é contagioso)*

"O fracasso não é uma opção!", decreta Gene Kranz em "Apolo 13: do desastre ao triunfo".

Visão geral

Toda a teoria e os conceitos da gestão empresarial são construídos a partir da observação e análise do funcionamento das organizações na prática. O que a teoria faz é formalizar conceitos que se demonstram empiricamente eficazes na prática para uma posterior aplicação em empresas que se encontram em contexto semelhante àquele no qual esta foi criada. Nesse cenário, deduz-se que a prática nunca está livre da teoria, assim como nem sempre existe uma consciência a respeito de qual teoria está orientando o processo de gestão empresarial adotado.

Uma das grandes dificuldades de se compreender o funcionamento de uma empresa é a visão que a maioria tem da mesma, que é extremamente segmentada e atomística. Isso leva a conflitos e divergências operacionais que minimizam a resultante dos esforços. Deve-se, então, procurar ter uma visão sistêmica, global, abrangente e integrada da empresa e ser capaz de ver as relações de causa e efeito, o início, o meio e o fim, ou seja, as inter-relações entre recursos captados e valores obtidos pela organização.

Assim, a empresa deve ser vista como um conjunto em constante interação, constituindo-se um todo orientado a determinados fins, em permanente relação de interdependência com o ambiente externo. A adoção do enfoque sistêmico, encarando a organização como um macrossistema aberto interagindo com o meio ambiente, pode ser entendida como um processo que procura converter recursos em produtos, bens e serviços, em consonância com seu modelo de gestão de negócios e objetivos corporativos.

A visão de sistemas, ou horizontal, de uma empresa representa uma perspectiva diferente que permite visualizar:

a) o cliente, o produto e o fluxo de atividades empresariais;

b) como o trabalho é realmente feito por processos que atravessam as fronteiras funcionais;

c) os relacionamentos internos entre cliente e fornecedor, por meio dos quais são produzidos produtos, "bens e serviços".

O enfoque sistêmico possibilita uma visão global da empresa, que é o ponto de partida para a criação e gestão de negócios que respondam eficientemente à nova realidade de concorrência acirrada e expectativas em mutação dos clientes. Essa macrovisão permite identificar a organização como um macrossistema que converte diversas entradas de recursos em saídas de produtos e serviços, que ela fornece para sistemas receptores ou mercados. A organização é guiada por seus próprios critérios e *feedbacks* internos, mas, em última instância, conduzida por informações de seu mercado. A concorrência também está recorrendo àqueles recursos e fornecendo seus produtos e serviços ao mercado. Todo esse cenário empresarial ocorre no ambiente social, econômico e político. Numa visão interna das organizações, podem-se identificar funções que, interligadas na forma de sistemas, existem para converter as diversas entradas em produtos ou serviços. A organização em sua totalidade possui um mecanismo de controle, que é seu processo de gestão, que interpreta e reage ao *feedback* interno e externo, de modo que esta se equilibre com o ambiente externo.

Com a aplicação do enfoque sistêmico, cada organização tende a se constituir em um conglomerado de unidades de negócios ou centros de resultados, que atuariam como empresas independentes (equivalentes às micro e pequenas) dentro do todo maior da organização. O enfoque sistêmico é aplicado à análise dos negócios que, em permanente interação com o meio ambiente, possibilita a compreensão sobre a importância da interpretação da realidade empresarial como fator-chave para a sobrevivência da organização.

Esta visão do todo, proporcionada pelo enfoque sistêmico, que pode ser percebida nos filmes que têm as organizações como cenário, facilita a compreensão dos conceitos de gerenciamento de uma empresa.

O filme "Tucker: um homem e seu sonho" evidencia essa necessidade de visão abrangente e holística em uma organização em suas diferentes decisões. A área funcional de vendas e marketing tem de vender o produto fabricado pela produção pelo preço fixado pela área financeira, que também é responsável pelo recebimento dos clientes e pagamentos dos fornecedores. Por outro lado, a função de recursos humanos e de informática deve proporcionar suporte às atividades-fim da organização (vendas e produção) visando a eficiência dos processos organizacionais.

Esta obra estabelece uma visão sistêmica, global, abrangente e holística da empresa, capaz de ver as relações de causa e efeito, o início, o meio e o fim, ou seja, as inter-relações entre recursos captados e valores obtidos pela empresa. Na abordagem sistêmica, o foco da atenção se transfere da análise da interação das partes para o todo, contrariamente ao pensamento pré-sistêmico, em que o método analítico procurava chegar à compreensão do todo a partir do estudo independente das partes (no método analítico, contrariamente ao adotado no enfoque sistêmico, o comportamento de um todo não é interpretado em face de sua inserção em um contexto mais amplo, que é o sistema maior do qual faz parte).

Nesta Parte I é feita uma reflexão sobre as organizações e são analisadas as condições em que se criam novos negócios no ambiente empresarial. É traçada uma perspectiva histórica da evolução da ordem econômica visando proporcionar aos leitores uma orientação teórica, mas sem perder de vista o sentido prático da gestão empresarial.

Capítulo 1

DA PRÁTICA À TEORIA DAS ORGANIZAÇÕES

"Temos que identificar o que as mulheres querem para podermos oferecer o produto certo" era a meta dos executivos da Nike.

Para atender a esse objetivo, a Nike, maior empresa mundial de calçados esportivos, contratou uma agência de publicidade, a Sloane & Curtis, conforme dramatiza o filme "Do que as mulheres gostam".

A Nike, famosa por ser a empresa que melhor identifica o que o mercado está querendo comprar, tem uma atuação empresarial essencialmente focada no cliente. Esse mercado, composto de algo mais do que vendedores e compradores de mercadorias, engloba, ainda, fornecedores, concorrentes, bancos e demais instituições em um contexto globalizado e cada vez mais internacionalizado.

É o que mostra esse filme dirigido por Nancy Meyers, cuja história se desenrola em uma agência de publicidade contratada como fornecedora de serviços da Nike para desenvolver uma campanha publicitária dirigida às mulheres. O público feminino constitui o mercado preferencial da Nike, que adota o conceito de segmentação (clientes divididos em diferentes categorias: público masculino, feminino e infantil, e clientes divididos por faixas de renda). Como concorrente direto, a Nike enfrenta a Reebok International, segunda maior fabricante de calçados atléticos, que adota como estratégia a venda de tênis para adolescentes urbanos, com o objetivo de subtrair vendas de sua rival de maior porte.

Nick Marshall (Mel Gibson), personagem central, é um displicente diretor de criação da agência Sloane & Curtis, que vive grave crise econômico-financeira. Seu lema é: "Posso vender qualquer coisa, basta saber a necessidade do comprador." A direção da agência resolve contratar Darcy McGuire (Helen Hunt), renomada publicitária, reconhecida no mercado como uma das maiores entendedoras da alma e do universo feminino, para substituir Marshall, que passa a ser seu simples *staff*. A polêmica contratação é provocada pela perda de participação de mercado – *market share* – da agência, que passa do primeiro para o terceiro lugar entre as agências de publicidade, fato este dramatizado na fala de seu diretor-presidente: "A Sloane & Curtis sempre se orgulhou de sua visão estratégica. É hora de nos impormos ao mercado de forma criativa."

Tendo sido "roubada" da maior agência publicitária do país, Darcy McGuire dispunha de informações confidenciais e, com isso, passa a proporcionar à nova agência vantagens competitivas, capacitando-a na formação de estratégias de novas campanhas publicitárias, conquista de novos clientes e estratégias de marketing. Com suas idéias femininas, procura implementar uma nova filosofia e agregá-la às campanhas publicitárias veiculadas, para induzir o público a consumir os produtos das empresas clientes. Até então, a agência, que "vendia" zero por cento ao consumidor feminino, era conhecida no mercado por "saber" vender apenas produtos ao público masculino.

Com essa mudança de filosofia, a agência atrai a poderosa Nike, fabricante mundial de calçados esportivos, que passa a ser sua cliente. Entretanto, nos bastidores, Marshall sabota o trabalho da diretora de criação e acaba aparecendo como o mentor das idéias que originalmente haviam sido criadas por ela. A conquista da conta da Nike aparece, indevidamente, como idealizada e "vendida" por Marshall, o que valoriza e eleva seu *status* na empresa, além da fama pelo negócio que "salvaria" a agência da falência.

Essa falsa valorização profissional ocorre em detrimento da perda de imagem da nova diretora de criação, que havia sido contratada exatamente para fazer o que Marshall fez na campanha da Nike (empresa que tinha grande fama de ter a alma mais feminina do mundo corporativo).

O êxito inesperado ocorre em face de uma nova habilidade demonstrada por Marshall de saber ler a alma feminina. Tal competência, surgida da noite para o dia, é provocada por um violento choque elétrico que vitima, transitoriamente, Marshall e o faz "ouvir" os pensamentos das mulheres.

Dessa maneira, ele consegue penetrar nos mais íntimos segredos do universo feminino e ler as idéias provenientes do pensamento de Darcy, capitalizando-as no desenvolvimento da campanha para a Nike. Darcy é demitida e, posteriormente, readmitida quando Marshall confessa perante sua diretoria ter usurpado as idéias originais da diretora de criação. O filme explicita conceitos de trabalho em equipe, liderança, atendimento a clientes, segmentação de mercado, comportamento do consumidor e gestão de empresas de serviços especializados.

A enredo do filme "Do que as mulheres gostam" evidencia que existem diferentes tipos de empresas na economia de um país (mercado). A Sloane & Curtis atuava como fornecedora de serviços da Nike, que é uma empresa comercial que vende tênis manufaturados por fabricantes asiáticos. A Nike, como peça central dessa cadeia produtiva, envolvendo desde fornecedores, passando pelos fabricantes até chegar aos clientes, tem a reputação de ser uma organização de profundo conhecimento do mercado, que é o último elo dessa corrente econômica.

O crescimento do mercado, conforme mostrado nesse filme, ao longo da história sempre se constituiu da oferta de novos produtos e do crescimento da produção industrial. Essa expansão tornou-se mais acentuada na medida em que a população foi se deslocando para as cidades. Daí surgiu uma natural divisão daquelas pessoas que se concentravam na produção industrial e das outras que se dedicavam ao comércio dos bens e serviços produzidos por aquelas. Outras, ainda, trabalhavam na produção rural para abastecer o crescente mercado representado pelas pessoas das cidades que deixaram de produzir o alimento que consumiam.

A existência de fregueses (mercado) induzia, nos primórdios da história, ao surgimento das primeiras organizações, fruto do trabalho de artesãos nos recintos de suas próprias casas que funcionavam como oficina (manufatura industrial). Da mesma forma, pessoas que se deslocavam para as cidades tinham a oportunidade de abrir uma loja (setor comercial) para comercializar os produtos fabricados pelos artesãos ou, principalmente, aqueles provenientes das atividades agrícolas e rurais. Dessa maneira, ocorria a criação de novos negócios, que ao longo do tempo foi se sofisticando com o uso do dinheiro, das transações financeiras e do crescente volume de serviços decorrentes do progresso das cidades (setor de serviços).

E o que faz com que inúmeras pessoas resolvam abrir um negócio próprio? Além das várias razões de ordem subjetiva presentes na decisão de um futuro empreendedor, a mais importante é a existência de um mercado para os produtos (bens ou serviços) a serem produzidos pela futura empresa. Várias películas enfocam o empreendedorismo, tais como "A conquista do paraíso", "Chocolate", "O amor é contagioso", entre outras.

O filme "Chocolate", nesse contexto, exemplifica o nascimento de um negócio próprio. Conta a história de uma empreendedora típica que chega a uma tranqüila vila. Descendente de índios da América Central, ela conhece receitas de chocolate consideradas mágicas, pois trazem felicidade e tentações. É um investimento arriscado, pois a população da vila é muito religiosa, vive com os costumes dos antigos, e sua loja não seria bem-vista. Vianne (Juliette Binoche) usa a estratégia de não deixar as pessoas saberem o que vai abrir, despertando a curiosidade e o interesse de todos.

Ela é uma talentosa mulher de negócios, empreendedora, tem boas idéias e é ótima estrategista, tanto que abriu a loja na época da Quaresma. Mostra não ter medo de ser diferente, desafiando a religiosidade dos moradores, essencialmente católicos (é um exemplo de variável cultural, presente em qualquer empreendimento). Seu principal fator de sucesso, além da existência de um mercado propício ao seu produto (havia uma demanda reprimida por chocolates, pois ninguém os fabricava naquela comunidade), foi o tratamento dispensado aos seus clientes; se fosse só pelos chocolates, apesar de serem bons, ela não teria conseguido vendê-los, porque as pessoas tinham receio de comprar por causa da Quaresma, por acreditarem estar pecando. Vianne demonstra um grande caráter empreendedor, pois vende produtos novos que superam as expectativas dos fregueses. Ela os conquista e se torna amiga deles; não discrimina ninguém, mas considera todos clientes em potencial, não perdendo oportunidade de fazer sua chocolateria ir para frente.

Com variedade de produtos, consegue atender a todos os gostos. Seu principal empecilho é o prefeito, o conde Reynaud, que incita as pessoas contra ela. Mas a empreendedora usa de estratégias para tentar ganhar sua confiança e respeito; evita falar mal dele ou destruir sua imagem. Quando esse parece estar ganhando a batalha, ela pensa em ir embora. Porém, como tinha conseguido fazer algumas amizades, essas resolvem se reunir e tentam reanimá-la, para que não desista. Vianne persiste, e, por fim, consegue permanecer com a loja, que se torna um sucesso, cativando seus clientes e tornando-se amiga daquele que era seu inimigo.

Esse filme mostra como uma pessoa que tem espírito de liderança e empreendedorismo consegue obter êxito em um empreendimento, qualquer que seja ele. Vianne tem produtos inovadores que são rejeitados no começo, mas com efetivas estratégias de negócios faz com que sejam aceitos, e passa a ser respeitada e querida. Não quer trabalhar sozinha, reconhece que ter pessoas do seu lado é bom e pode ajudar em situações difíceis. É partidária do trabalho em equipe, pois acredita que o resultado final apresentado por um grupo de pessoas é maior que a soma individual do desempenho pessoal dos indivíduos que trabalham isoladamente. Como empreendedora, sabe que impor uma idéia não é correto; o certo é fazer com que as pessoas percebam que sua opinião é o melhor caminho. Então, consegue ganhar seu espaço empresarial num lugar em que, aparentemente, não havia espaço para isso.

"Presente de grego" é outro filme que exemplifica a gênese de um empreendimento. Fala sobre uma alta funcionária (Diane Keaton) de uma grande organização que se torna microempresária. Executiva em via de ser promovida a sócia de um escritório de consultoria empresarial, tem sua vida repentinamente alterada quando recebe a guarda de um bebê e se muda para uma pequena cidade do interior.

Em Vermont, EUA, passa a colher maçãs e com elas inventa uma receita de alimento infantil, inédita até então, a qual denomina de *gourmet* bebê do campo. Descobre que sua criança e outras a apreciam e resolve tornar-se uma pequena empreendedora nessa comunidade. Com sua experiência profissional, efetua pesquisa de campo (com dados como a demografia, crescimento da população e outros) para identificar comportamentos do consumidor local. Cria uma diversificada linha de produtos e elabora um catálogo de vendas. O pequeno empreendimento faz sucesso e atrai a atenção de grandes empresas do setor alimentício. Com isso, surgem propostas de venda intermediadas pelo seu antigo escritório de consultoria de Nova York. O filme evidencia o processo de recrutamento e seleção das empresas americanas que privilegiam o diploma em escolas de primeira linha (a personagem central era formada em Harvard). A mensagem que ficou é uma verdadeira lição de empreendedorismo e, acima de tudo, um exemplo de superação profissional de uma situação adversa. São abordados ainda questões éticas, dilemas e conflitos pessoais, fazendo aflorar os naturais problemas de relacionamento humano presentes no processo de gestão empresarial.

Evolução da ordem econômica

A idéia mais simples de organização é a junção de pessoas em torno de um objetivo. Este pode estar direcionado para produzir e vender bens de consumo ou serviços mediante uma certa margem de lucros, quando então é designada empresa.

Nesse contexto, pode-se destacar o filme "Mauá: o imperador e o rei", entre outros, como exemplo. A organização pode ser, ainda, sem fins lucrativos, como uma estatal ou organização não-governamental (ONG) – associações, igrejas, fundações e assemelhadas –, conforme ilustrado no filme "O nome da rosa", ou órgãos públicos (na esfera federal, estadual e municipal). Pode-se, portanto, considerar que a organização é algo mais amplo, englobando tanto aquelas sem fins lucrativos, bem como as que têm finalidade lucrativa.

A empresa moderna é uma evolução da organização que surgiu com a Revolução Industrial e representou um salto quântico, um novo paradigma na história da humanidade. A empresa, enfim, muito contribuiu para o estágio de mundo moderno como hoje o conhecemos, pois permitiu:

a) a substituição do trabalho braçal pelo trabalho mecânico, liberando o homem para pensar;

b) o conceito de subdivisão do trabalho, permitindo a especialização e, portanto, o desenvolvimento das tecnologias; e

c) a produção em grande escala com a correspondente criação do conceito de mercado, de satisfação de necessidades e, portanto, possibilitou a evolução da sociedade.

Se no início a empresa, vinda do capitalismo mercantilista e num mundo ainda primitivo, tinha como objetivo único o lucro (e o lucro financeiro quanto maior, melhor), pode-se dizer que com a evolução passou, em menos de 200 anos, do capitalismo selvagem para um mundo de concorrência selvagem, em que o lucro financeiro deixou de ser o único objetivo para se tornar um dos indicadores de eficiência e em que o verdadeiro objetivo passou a ser a sobrevivência. De fato, a exclusiva lógica do lucro, além de ser de curto prazo, não leva em consideração a pesquisa e desenvolvimento, a inovação tecnológica ou mesmo a estabilidade no emprego, que são fatores que realmente contribuem para assegurar a perenidade empresarial. A sobrevivência passou a ser a capacidade da empresa de alcançar objetivos em três grandes áreas, a saber:

a) lucratividade, bem como rentabilidade, estrutura de capital, endividamento, retorno sobre investimentos, dividendos e afins;

b) mercado, como seus objetivos em termos de participação, novos mercados, novos produtos e serviços, qualidade, imagem e afins;

c) tecnologia, como os objetivos relativos ao domínio de novas e atualizadas tecnologias, sejam elas comerciais, administrativas, industriais, financeiras, de serviços, de produtividade da mão-de-obra, da capacidade de atrair e manter talentos na organização, de eficiência operacional, de qualidade gerencial, de clima e ambiente de trabalho etc.

A esse conjunto se pode chamar de objetivos econômicos da empresa, em que sua sobrevivência dependerá da prioridade entre os mesmos, de acordo com as situações e cenários contingenciais e projetados, o que deve ficar bem caracterizado no processo de planejamento.

Nos últimos 50 anos, a sociedade de todos os países desenvolvidos tornou-se uma sociedade de instituições. O desempenho da sociedade moderna, ou mesmo a sobrevivência de cada indivíduo, cada vez mais depende da atuação dessas instituições. Há apenas algumas décadas, isto seria inconcebível. Em 1900, era ainda a família que, em todos os países, servia de agente e órgão da maioria das tarefas sociais. As instituições eram poucas e de pequeno porte.

A sociedade daquela época estava inserida num contexto de governo central, e o restante era difuso em incontáveis partículas de pequenas oficinas, escolas, profissionais independentes (médicos e advogados) trabalhando por conta própria, fazendeiros, artesãos e outras entidades do gênero.

Embora as empresas tenham aumentado nessas últimas décadas, outras instituições cresceram muito mais depressa. É o caso das universidades, hospitais, sindicatos, institutos de pesquisa e outras similares que atingiram o conhecido gigantismo em termos de tamanho e complexidade.

O cidadão de hoje, em qualquer país desenvolvido, é tipicamente um empregado. Trabalha para uma instituição. Depende dela para sua subsistência e busca nela suas oportunidades, acesso a uma posição e função na sociedade, como também sua satisfação e realização pessoal. Nossa sociedade tornou-se uma sociedade de empregados. No início do século, perguntava-se "o que você faz?". Hoje, porém, a pergunta mais freqüente é "para quem você trabalha?".

Nesse contexto, a administração é a função específica do novo tipo de instituição, seja ela uma empresa, uma universidade, um hospital, as Forças Armadas, um laboratório de pesquisas, uma repartição pública. Para as instituições funcionarem, sua respectiva administração tem de desempenhar a contento sua função. O termo administração é difícil de se definir ou explicar. Denota uma função, mas também as pessoas que a desempenham. Indica uma posição e nível social, mas é também uma disciplina e um campo ou área de estudo.

Genericamente, todas as instituições têm em comum a função, a tarefa e o trabalho administrativos. Em cada uma delas existe um grupo de pessoas cuja função é gerir e que tem o poder e a responsabilidade legal de agir como a administração, e a tarefa desse grupo é a mesma: fazer com que ela funcione bem. E isso requer um trabalho específico de: fixar objetivos, metas e prioridades; organizar; selecionar e contratar pessoal; medir resultados; comunicar e tomar decisões; e assim por diante. Todas essas instituições necessitam de uma administração, órgão eficaz e ativo que faz com que haja desempenho.

A instituição em si é, na realidade, uma abstração, constituindo apenas uma realidade contábil. Quando esse ou aquele órgão público toma uma decisão ou estabelece uma norma, sabemos perfeitamente que é alguém ou grupo daquele órgão quem decide ou estabelece qualquer coisa, e que age por ele e como sua entidade efetiva. Ao falarmos que o Bradesco abriu uma nova agência, é evidente que não é o banco em si que está decidindo e agindo, mas sim um grupo de administradores dentro dele. Nenhuma instituição existiria sem administração. A administração é a função ou processo específico da instituição moderna, cujo desempenho determina o funcionamento e a própria sobrevivência da entidade.

A origem e o princípio da história da administração datam de mais de 200 anos. Em seus primórdios, a administração era um fator externo e não fundamental, sendo incluída entre os fatores de produção de terra, mão-de-obra e capital. Posteriormente, tornou-se peça central, na forma de função construtiva, objetiva e sistemática da organização. Nessa época, a administração é vista (e não as forças econômicas) como o motor propulsor do desenvolvimento econômico e social e a organização, como o agente do progresso econômico (destacam-se Frederick Taylor, Henri Fayol, Henry Towne e Eiichi Shibusawa, entre outros).

Os filmes "Tempos modernos" e "Ford: o homem e a máquina" exemplificam bem como funcionavam as indústrias de antigamente. As pessoas eram tratadas como meros recursos a serem alocados ao processo produtivo. Os funcionários não podiam pensar, tampouco expressar sua opinião ou alguma idéia. Eles tinham apenas de ser eficientes nas tarefas a que eram incumbidos de realizar pelo órgão de planejamento central. Produzir sempre a mesma coisa, programada por um plano de produção, sem se preocupar se poderiam fazer melhor, ou então com a qualidade do produto que geravam.

Isso espelha a época do taylorismo/fordismo (Taylor e Henry Ford, respectivamente), na qual não se valorizava o principal patrimônio de uma empresa, ou seja, o capital humano, exatamente como exemplifica o filme. Esse mostra uma linha de montagem, típica do taylorismo, como método de produção adotado por Henry Ford quando da criação do seu império automobilístico, que perdura até os dias de hoje. Evidencia com clareza o lado negativo dos conceitos da Escola Clássica criada por Taylor, centrado na idéia de que o empregado a serviço de uma organização, para ser eficiente, não precisa pensar. Focaliza, ainda, a importância do planejamento como um processo da cadeia produtiva de uma organização, centrada e apoiada na motivação e no desempenho das pessoas que dela fazem parte. Ilustra, em fortíssimas cores, a correria do mundo moderno, em que o tempo controla e serve de referência maior para as pessoas.

Essa escalada de robotização, no entanto, tem um lado de mudança que depende de cada um, na forma de opção ou inevitável, como é o caso do personagem central, que procura desesperadamente se livrar do mundo-máquina. A fita evidencia a desumanização do cotidiano de uma fábrica e se tornou o embrião de programas de qualidade de vida no trabalho atualmente praticado por muitas organizações.

A busca por melhores condições de trabalho entre empregados e empregadores se ampliou em decorrência das mudanças ocorridas na sociedade pós-industrial. As novas tecnologias que geram o desemprego estrutural (eliminação de postos de trabalho) e os efeitos da internacionalização dos mercados intensificaram a concorrência e a pressão por maior produtividade da mão-de-obra.

Em 1905, os financiadores de Henry Ford, em sua nova companhia, a Ford Motor Co., insistiam que a melhor maneira de se obter o máximo de lucratividade era construir um automóvel para os ricos. Mas Ford, de origem modesta, vindo da região rural do país, acreditava que os trabalhadores que construíam os carros deveriam também poder possuir um. Em vez de dar ouvidos aos investidores, Ford acabou comprando sua parte do negócio. Esse foi o primeiro grande passo de uma cruzada que o tornaria o pai da indústria americana do século 20. Quando o modelo 'T', na cor preta (seu marketing era produzir carros de qualquer cor... desde que fosse preto!!!), foi lançado, em 1908, transformou-se no carro do homem comum, elegante em sua simplicidade e uma verdadeira máquina de sonho, não só para os engenheiros, mas também para os homens de marketing. Ford criou a produção industrial em série, mas o que realmente lhe interessava era o consumo em massa. Sua invenção ajudou a criar uma classe média nos Estados Unidos, urbanizada e com salários em ascensão.

Quando Ford deixou a fazenda da família, aos 16 anos, e caminhou 13 quilômetros para conseguir seu primeiro emprego em uma loja de máquinas em Detroit, apenas dois em cada oito americanos viviam nas cidades. Durante a Segunda Guerra Mundial, esse número dobrou, e o 'T' foi, em parte, responsável pela mudança.

Havia um grande fluxo de trabalhadores dirigindo-se a Detroit em busca de empregos, e, se iam trabalhar em uma das fábricas de Ford, acabavam comprando seus carros (o empresário lançaria as bases sobre as quais floresceria a classe média americana, ao abrir condições de crédito para que todos pudessem comprar os carros). Primeiro, Ford financiou seus próprios empregados, depois, estendeu esse crédito aos consumidores. Assim, todos poderiam comprar um carro e a empresa, conseqüentemente, aumentava suas vendas e sua participação no mercado. O modelo de crédito desenhado por Ford chegou à construção civil e, depois, ao comércio. Tanto que, hoje, nos Estados Unidos, um cartão de crédito é a identidade número um do consumidor. Formou-se, desse modo, um círculo virtuoso, do qual Ford era o dono.

Quando, em 1927, a produção do modelo 'T' foi interrompida, mais de 15 milhões de automóveis já tinham sido vendidos, ou metade da produção mundial de carros da época. Só a linha de montagem da companhia levava a revolução industrial americana aos céus. Em vez de utilizar operários para montar juntos o carro inteiro, Ford organizou equipes que adicionavam partes separadas a cada unidade do veículo em fabricação que passava pela esteira. Sua maior inovação foi a adoção da linha de produção.

O empresário, ao observar que os açougueiros ficavam em postos fixos cortando as carnes que se moviam em esteiras, concluiu que, se cada montador permanecesse fixo em uma função, o automóvel ganharia forma mais rapidamente, economizando incontáveis horas de trabalho. Assim, mandou construir trilhos, por onde os carros em montagem pudessem ser movidos. Depois, percebeu que os carros teriam de ficar no alto, a fim de facilitar o trabalho, e, como nos açougues, a linha de produção ganhou guinchos e os trilhos no final para testar a suspensão, com carros rapidamente saindo dos galpões para as ruas e em grande quantidade (com postos fixos no trabalho, o salário incrementado foi instituído, como também a especialização da mão-de-obra. Cada um passou a ter papel definido e podia-se verificar no término do carro onde ocorriam os problemas. Ou seja, as responsabilidades podiam ser fixadas a cada posto de trabalho/cargo/operário).

Quando a enorme fábrica de Ford, em Highland Park, começou a funcionar em pleno vapor, sua esteira transportadora, a mais rápida do mundo, conseguia produzir um carro a cada 93 minutos (quanto maior a velocidade, maior a exigência e pressão por rapidez e eficiência dos operários dispostos ao longo da linha de montagem). No mesmo ano, Henry Ford chocou o mundo com o que provavelmente foi seu maior legado para a posteridade: o sistema de salário mínimo de US$ 5 por dia.

Na época, o salário mínimo na indústria automobilística era de US$ 2,34 por uma jornada de trabalho de nove horas. Ford não apenas dobrou esse valor, como também diminuiu uma hora da jornada (a jornada de oito horas e á semana de 40 horas tornariam as condições de trabalho da época, transformando-as em bandeiras de sindicatos da América do Norte e da América do Sul). O *The Wall Street Journal* chamou o plano de "crime econômico" e seus críticos se referiam ao fordismo com o mesmo tom de

ca, tais como apoio militar, infra-estrutura, equipamentos, tecnologia e treinamento permanente. Os centuriões eram profissionais treinados, de geração a geração, com sua disciplina espartana, preservada ao longo do tempo.

A divisão de tarefas e os princípios do taylorismo são nitidamente visíveis na organização militar do exército romano. Destruído por dentro, pela desorganização provocada pelos seus dirigentes, o império romano se desmorona em um processo lento, mas inexorável, que levou, ainda, dezenas de anos para sua consumação. A intervenção e decisões não-planejadas de César acelera tal destruição. Contrariara um princípio apregoado por Sun Tzu, há 2.500 anos, de que a arte da guerra é uma questão de vida ou morte, um caminho tanto para a segurança como para a ruína e, portanto, em nenhuma circunstância deve ser negligenciada. O chinês prescrevia, ainda, que o verdadeiro objetivo da guerra é a paz.

Como em *O príncipe* (Maquiavel) e *O livro dos cinco elementos* (Miyamoto Musashi), as verdades de Sun Tzu podem, da mesma forma, mostrar o caminho da vitória em todas as espécies de conflitos comerciais, batalhas em salas de diretoria e na luta diária pela sobrevivência, que todos os seres humanos enfrentam. Essa decadência imperial se deu, ainda segundo os princípios de Sun Tzu, devido à falta de harmonia no Estado, em que nenhuma expedição militar pode ser garantida, pois sem harmonia no exército não pode haver formação de batalha vitoriosa.

A queda de Roma, no entanto, deixou um legado de princípios organizacionais, culturais, de engenharia e arquitetura, sistemas de leis e políticas, para exércitos e impérios de outras épocas, como o persa, macedônico e, mais recentemente, os impérios modernos ocidentais (britânico e americano). Em termos de teoria das organizações, sua abordagem foi o que há pouco tempo se convencionou chamar de Escola Clássica. Tal escola prescreve como criar uma organização que, de forma eficiente, atinja os seus objetivos. São os princípios posteriormente explicitados por Taylor, Fayol e Weber, conforme citado acima.

Dimensões e perspectivas históricas

Os pontos de vista dos estudiosos clássicos da administração científica são complementares e refletem determinados princípios em que se baseia a organização do trabalho: a estrutura de relações de dependência hierárquica e o estilo de gestão que ainda hoje influenciam grande parte das nossas organizações. Entre os textos publicados, *The Wealth of Nations*, de Adam Smith, é o que melhor evidencia o princípio empresarial da época em que o trabalho deveria ser decomposto em tantas tarefas elementares quanto possível. E que essas deveriam, por sua vez, ser distribuídas por outros tantos operários, de forma que cada um deles se tornasse um verdadeiro especialista na sua tarefa, o que permitiria a obtenção de níveis de produtividade nunca antes atingidos.

Esses princípios de fragmentação do trabalho em tarefas elementares foram inicialmente concebidos para a atividade industrial e, posteriormente, aplicados às atividades administrativas e adaptados para empresas de serviços, como bancos e seguradoras.

A divisão do trabalho proposta por Smith obrigou a concentração dos trabalhadores em centros produtivos destinados à realização de operações mais ou menos similares e, simultaneamente, à organização dos diversos centros produtivos ao longo de uma certa cadeia de produção.

"Tempos modernos", por exemplo, ilustra como a busca por melhores condições de vida entre empregados e empregadores se ampliou em decorrência das mudanças ocorridas na sociedade pós-industrial. As novas tecnologias que geram o desemprego estrutural (eliminação de postos de trabalho) e os efeitos da internacionalização dos mercados intensificaram a concorrência e a pressão por maior produtividade da mão-de-obra. Essa produção focaliza, ainda, a importância do planejamento de recursos humanos como um processo da cadeia produtiva de uma organização, centrada e apoiada na motivação e no desempenho das pessoas que dela fazem parte.

O filme "Monstros S.A." mostra, de forma lúdica, os principais conceitos da Escola Clássica. Passado em Monstrópolis, uma próspera cidade industrial onde residem monstros de todos os tamanhos e formas, segue as hilárias peripécias de James P. Sullivan (conhecido como "Sulley") e seu companheiro de trabalho e melhor amigo, com quem divide um apartamento, Mike Wazowski. Ambos trabalham na Monstros S.A., a maior fábrica de processamento de gritos do mundo dos monstros, onde Sulley é o Assustador de Crianças Nº. 1 (um conceituado cargo/posto de trabalho da organização) e Mike, seu assistente ranzinza. A principal fonte de energia desse estranho lugar provém da coleta dos gritos das crianças humanas.

Na Monstros S.A., uma elite de assustadores é responsável pela coleta desse precioso recurso natural. Para complicar as coisas, os monstros acreditam que as crianças são tóxicas e, por isso, qualquer contato com elas é expressamente proibido. Quando uma menininha (chamada Bu) segue por acaso Sulley de volta a esse mundo, ele descobre que sua carreira está ameaçada e sua vida transforma-se num completo caos. Com a ajuda de Mike, planeja corrigir seu erro, mas o trio acaba envolvido numa série de situações cada vez mais complicadas e numa conspiração que vai muito além de tudo que eles jamais poderiam imaginar. Ou seja, é feito um planejamento cuidadoso que, entretanto, parte de um pressuposto incorreto, e as ações de implementação ocorrem de maneira descuidada.

A empresa Monstros S.A. funciona como uma espécie de Volkswagen de Monstrópolis. É gigantesca, dá oportunidade de trabalho para quase toda a população, tem equipamentos altamente avançados, muitos robôs e contribui significativamente para a economia local. Os empregados amam a organização e procuram, através de competições, ultrapassar as metas estabelecidas no Plano Estratégico. O funcionário do mês é congratulado pelo presidente e admirado por todos os demais colaboradores.

A fixação de metas e sua correspondente consecução tornam-se algo obsessivo e desumano, que acaba degradando o clima organizacional. Nesse ambiente competitivo para atingir suas metas pessoais, ele acaba provocando o grande acidente de trabalho que transforma radicalmente a organização. Há uma permanente preocupação com os estagiários para que se aperfeiçoem e se transformem em modelos de empregados. Mas o que parece ser um exemplo de boa organização, devido à ganância de alguns de seus funcionários, começa a falir, e só mentes com idéias inovadoras conseguirão transformar a empresa em uma organização moderna, lucrativa e de ampla visão para o futuro. Assistindo a esse filme, pode-se verificar que o planejamento é fundamental dentro de qualquer organização, e cabe a todos os funcionários, do presidente ao operário, agir visando as metas estabelecidas. Esse é um importante fator que decidirá o sucesso ou o fracasso da empresa.

Outro aspecto enfatizado no filme é o uso de indicadores de desempenho e de qualidade como formas de controle, mas sem preocupação excessiva com metas quantitativas (intrínsecas em si mesmas). Ou seja, o "controle pelo controle", conforme preceituado por Deming (1990), o pioneiro da gestão da qualidade (*total quality management* - TQM).

Essas funções de planejamento, controle e afins ficam claramente ilustradas em "Titanic", cuja história reproduz o naufrágio do mais famoso transatlântico do mundo na sua viagem inaugural, quando se chocou com um *iceberg*. O diretor James Cameron encena a tragédia e suas possíveis causas nessa produção.

O *Titanic* era um navio excepcional. Feito de ferro e com todo o primor da época, foi assim denominado por sua estabilidade, luxo, força e tamanho. Chamavam-no, na verdade, de navio dos sonhos, impossível de afundar, por ser sólido como uma rocha. O *Titanic* iniciou sua viagem no dia 10 de abril de 1912, em Southampton (Inglaterra), perante milhares de espectadores. Depois, lhe restaria o Oceano Atlântico pela frente, até chegar a Nova York. O comandante, Edward John Smith, era o mais experiente da empresa proprietária do navio. Essa viagem inaugural, no entanto, precisava gerar manchetes, afinal queriam impressionar não só pelo tamanho, mas também pela velocidade e a meta relacionada ao tempo de percurso. E, com isso, aumentava-se cada vez mais a velocidade do navio. Observa-se durante a viagem que o número de botes não daria para todos, em caso de naufrágio. O filme conta, enfim, a história do naufrágio do navio, ocorrido devido a problemas de má administração e má utilização das técnicas de planejamento.

Novos enfoques e evolução

Os enfoques de Administração, desenvolvidos pelos autores da linha que se denominou Escola Clássica, representaram uma evolução significativa no gerenciamento das organizações, rompendo com o empirismo que até então marcava a gestão organizacional. Foram pioneiros da busca de maior racionalidade e eficiência do trabalho administrativo, valores esses efetivamente incorporados pelas instituições que adotaram os princípios de

observou o impacto do potencial que a nova idéia pode trazer para a organização por uma inversão de tendência negativa que se desenhava.

• O padrinho é um líder já idoso que acaba sendo o modelo do processo.

O espírito de empresas e autonomia é também encorajado pelos processos de comunicação. E, neste sentido:

• os sistemas de comunicação são informais;

• a intensidade da comunicação é elevada;

• a comunicação tem apoios de natureza técnica; e

• o sistema de comunicação intenso e informal atua como um sistema de controle muito apertado.

D. Produtividade

As companhias de excelência tratam seus trabalhadores com respeito e dignidade, são reverenciados como parceiros, através dos quais se consegue incrementar a produtividade e a qualidade ("Adorável professor - Mr Holland"; "Chocolate"; "Momentos decisivos"; "Um domingo qualquer"; e "Uma linda mulher"). Outros filmes que mostram exatamente o contrário e que, portanto, podem ilustrar tal conceito são "A firma", "A história de uma fraude: o caso Enron" e "Sucesso a qualquer preço".

E. Mãos à obra pela criação de valores

A diferença entre o sucesso e o fracasso de uma companhia está muitas vezes relacionada com questões de como a organização consegue despertar as energias e os talentos das pessoas que nela trabalham ("O amor é contagioso").

Tem papel importante no despertar das energias a crença:

• em serem os melhores;

• na importância dos detalhes de execução, as pequenas peças que permitam fazer bem o trabalho;

• na importância de cada pessoa;

• nas virtudes de serviço e qualidade superiores;

• em que a maior parte dos membros de uma organização deve ser inovadora e, como corolário, estar disposta a suportar as falhas que possam daí advir;

• na importância do informalismo como meio de aumentar a comunicação;

• na importância do crescimento econômico e pessoal.

F. Manter-se no ramo que se domina

Como regra geral, de menor sucesso são a companhias que se diversificam numa gama variada de campos (entre os exemplos de filmes em que a organização consegue manter o foco naquilo em que tem maior competência são: "Jerry McGuire: a grande virada"; "Piratas da informática"; "Ameaça virtual"; "Tucker: um homem e seu sonho"; e "Uma mulher de classe").

G. Formas simples de administração

O aumento de dimensão de uma empresa não deve tornar a estrutura mais complexa. Logo que a empresa começa a dedicar-se a múltiplas áreas, pode-se justificar a adoção de estruturas organizacionais ampliadas. Exemplos relacionados a esse conceito podem ser encontrados nos filmes "A firma", "A história de uma fraude: o caso Enron", "Com o dinheiro dos outros", "Erin Brockovich" e "Wall Street: poder e cobiça".

H. Propriedades simultaneamente rígidas e flexíveis

Segundo Peters e Waterman, as organizações de sucesso devem ser achatadas, anti-hierárquicas, inovadoras e dotadas de espírito da empresa, de pequena dimensão, com sistemas de retribuição com base na contribuição de cada um para a organização, e não com base funcional, de cultura forte e flexível. Em conclusão, a visão de Peters e Waterman sobre organizações de futuro, baseada no estudo das mais importantes empresas

Novas condições haviam emergido e exigiam um novo tipo de organização e administração:

• - mudanças rápidas e inesperadas - a força da burocracia consiste na capacidade para gerir as rotinas; todavia suas regras pré-programadas e a inflexibilidade tornam-se inadequadas para o mundo moderno em constante mudança;

• - aumento da dimensão das organizações - as organizações cresceram de tal modo que as estruturas burocráticas se tornaram menos eficientes;

• - crescente diversidade - o rápido crescimento gerou a especialização e os especialistas não se sentem bem numa estrutura piramidal e de carater estandardizado;

• - mudança no comportamento gerencial - a crescente adoção da perspectiva das relações humanas pelos gestores mudou a visão simplista da Escola Clássica, pelo que a burocracia começou a entrar em crise.

O trabalho de Bennis não foi único; muitos outros autores apareceram. Por exemplo, Likert, em *New Patterns of Management* (1961), distingue quatro sistemas ou estilos de liderança. Num dos extremos está o estilo autoritário, caracterizado pela falta de confiança nos liderados, centralização das decisões, escassa comunicação e reduzida motivação; no outro, um estilo democrático, assinalado pela confiança total nos trabalhadores, participação no processo de decisão, comunicação entre a direção e os subordinados e vice-versa e grande motivação.

R. Tannenbaum e W. Schmidt (1973), posteriormente, caracterizaram os diversos estilos de liderança, com referência às três principais variáveis situacionais que os afetam: situação organizacional, natureza da força de trabalho e estilo perfeito de líder. A questão da liderança, conforme explicitado na Parte II, fica evidente nos filmes "Doze homens e uma sentença", "O gladiador", "Momentos decisivos", "Tróia", "O último samurai", "O resgate do soldado Ryan", "Apolo 13: do fracasso ao triunfo", "Mestre dos mares", "Um domingo qualquer", entre outros.

Capítulo 3

RESPONSABILIDADE SOCIAL EMPRESARIAL

"A economia é mais frágil que o clima" afirma o presidente dos EUA no filme "O dia depois de amanhã".

A responsabilidade social, no rastro de escândalos empresariais envolvendo organizações admiradas mundialmente, como Parmalat, Enron, Arthur Andersen, Merck Sharp & Dohme e conhecidos órgãos governamentais, ganha importância como instrumento de gestão para evitar riscos de desastres corporativos.

E o que vem a ser responsabilidade social? Seria simplesmente publicar balanços sociais para assegurar a transparência das ações da empresa perante seus diferentes públicos?

Segundo o Instituto Ethos, que utiliza os critérios da Social Accountability – SA 8000 e da AccountAbility – AA 1000, balanço social seria apenas um subconjunto de um todo maior chamado responsabilidade social. A exemplo do que ocorreu com a ISO 9000, de qualidade, e a ISO 14000, de respeito ao meio ambiente, as certificações sociais surgiram há poucos anos nos Estados Unidos, com o objetivo de atestar que a organização, além de ter procedimentos internos corretos, participa de ações não-lucrativas em áreas como cultura, assistência social, educação, saúde, ambientalismo e defesa de direitos. As empresas, segundo essas certificações sociais, devem enfocar:

- processo produtivo: relações trabalhistas; respeito aos direitos humanos; contratação de mão-de-obra, inclusive de fornecedores; gestão ambiental; natureza do produto ou serviço;

presário) e a função técnica do homem de notícias exercido por Jeff Wigand e que está presente em qualquer tipo de organização. É destacada, ainda, a importância da evidência externa das atividades empresariais que devem ser éticas e com responsabilidade social.

A informação como um ativo de importância estratégica é destacada e evidenciada em seu processo de transformação de dados, decorrentes de observações do ambiente empresarial, com a aplicação do raciocínio da mente humana através da reflexão, síntese e contexto sociopolítico, que a transforma em informação e conhecimento.

No Brasil, embora existam poucas empresas certificadas de acordo com as normas SA 8000 e AA 1000, tem-se, entretanto, premiações voltadas ao incentivo da responsabilidade social corporativa. Os clientes, no novo contexto empresarial, têm expectativas de interagir com organizações que sejam éticas, com boa imagem institucional no mercado e que atuem de forma ecologicamente responsável. Para atender à tendência mundial de crescimento do papel das empresas no aprimoramento das sociedades, cada empresa vencedora do Prêmio Valor Social, nas categorias "Relações com a comunidade", "Respeito ao meio ambiente", "Qualidade do ambiente de trabalho", "Respeito ao consumidor" e "Micro e pequenas empresas", encontrou seus próprios rumos de atuação. O Prêmio Eco 2004 - Reconhecendo a Cidadania Empresarial contemplou empresas como:

Áreas	Empresa Vencedora
Educação	Companhia Vale do Rio Doce
Cultura	Nestlé Brasil Ltda.
Conservação/Educação ambiental	Daimler Chrysler
Saúde	White Martins Gases Industriais S/A
Participação comunitária	Refinaria de Manguinhos S/A

O êxito dos referidos prêmios mostra o quanto é fundamental o exercício da responsabilidade social por parte do mundo empresarial. O BankBoston, vencedor do prêmio Valor Social, na categoria "Qualidade do ambiente do trabalho", prioriza os próprios funcionários nos processos de seleção para preenchimento de novas vagas. Capacita-os, ainda, com o oferecimento de MBAs por meio da Boston School e parcerias com universidades. O desenvolvimento do potencial humano, principalmente por meio da valorização dos colaboradores, como filosofia de desenvolvimento humano, contribuiu para que a Serasa recebesse o mesmo prêmio na categoria "Ambiente de trabalho".

A qualidade de vida e o resgate da auto-estima de seus colaboradores fazem parte da filosofia da Editora Palavra Mágica e da MR Sobremesas, vencedoras do prêmio Valor Social na categoria "Micro e pequenas empresas". A Palavra Mágica mobiliza seus colaboradores, órgãos públicos da região de Ribeirão Preto, onde se localiza, e outras editoras para criar bibliotecas infantis nas creches da região.

Para a Nestlé, vencedora do prêmio na categoria "Respeito ao consumidor", o conceito de responsabilidade social sempre existiu e está relacionado ao atendimento ao consumidor. Nessa empresa, para que todos entendam a importância que o atendimento ao consumidor tem, não só as mensagens dos clientes são repassadas aos vários departamentos da organização, como também profissionais de outras áreas fazem estágios entre os funcionários do Nestlé Serviço ao Consumidor. O prêmio Valor Social na categoria "Relações com a comunidade" contemplou o Banco Itaú e a Usiminas, que desenvolvem programas de ações sociais nas regiões em que atuam.

Do impacto que um pilar de sustentação causa no solo da Mata Atlântica ao óleo do cárter do veículo que faz a inspeção da rodovia, em cada ação da Ecovias Imigrantes, o cuidado com o meio ambiente é rigoroso. O consórcio foi um dos vencedores do prêmio na categoria "Respeito ao meio ambiente", juntamente com a Ford. No Complexo Industrial Ford Nordeste, princípios ecológicos estão sendo rigorosamente implantados, assim como nas fábricas de Tatuí, Taubaté e São Paulo, que tiveram seus procedimentos e instalações modificados para adequação a esses princípios. A fábrica da Ford na Bahia é resultado da união de modernos conceitos de engenharia automobilística à mão-de-obra das comunidades locais, com a utilização correta dos recursos naturais. Nesse sentido, uma película emblemática, além de "O dia depois de amanhã", é "Amazônia em chamas", que foca as questões da proteção ambiental da floresta amazônica no Brasil.

A própria Organização para a Cooperação e o Desenvolvimento Econômico - OCDE recomenda que as entidades, públicas e privadas, adotem princípios focados na transparência de suas ações. O balanço social como uma ferramenta ainda pouco utilizada pelas empresas, embora a quantidade de publicações cresça ano a ano, se insere neste contexto de transparência e disseminação de informações com os seus diferentes públicos. Publicações pioneiras, como as da Telebrás, CMTC e Banespa, foram veiculadas no início da década de 90, seguidas de balanços sociais publicados pelo Banco do Brasil, Cia. Carris Porto-Alegrense, Grupo RBS, Votorantim Celulose, Chesf, CPFL, Furnas, Eletrobrás, Ceval, Petrobras, Bradesco, Odebrecht, Nossa Caixa/Nosso Banco, Aracruz Celulose, Febraban, Telesp Celular, Light, Banco Itaú e Usiminas.

O Instituto Ethos de Responsabilidade Social sugere um padrão de balanço social (governança corporativa) que explicite os impactos da atividade da empresa na sociedade e evidencie o relacionamento com os seus diferentes públicos. O modelo Ethos considera, ainda, a apresentação do relatório sugerido pelo Instituto Brasileiro de Análises Sociais e Econômicas - Ibase (descrição dos projetos sociais e detalhamento de programas ou parcerias). Publicado de forma independente, o padrão sugerido pelo instituto é uma alternativa de comprovação das atividades empresariais através de balanço social.

O balanço social é a principal forma de evidenciação das ações empresariais com a comunidade. Considerando que os balanços sociais publicam apenas resultados e não enfocam o processo utilizado para sua obtenção, qualquer que seja o modelo de gestão adotado (que focaliza o processo), tem-se uma perfeita coexistência e complementação de informações para fins de evidenciação e divulgação externa.

A Bolsa de Valores de São Paulo em face do crescente interesse dos investidores em migrar para os portfólios verdes, e em resposta à demanda de bancos, fundos de pensão e gestores de recursos, organiza um índice de responsabilidade social e sustentabilidade, baseado no Dow Jones Sustainability Indexes (DJ-SI). Primeiro indicador global de sustentabilidade, o DJ-SI monitora o desempenho financeiro das companhias de capital aberto que têm seu negócio orientado pela referência da sustentabilidade. O DJ-SI, na sua composição, pondera a importância da integração dos fatores econômicos, ambientais e sociais na estratégia da empresa e avalia aspectos como inovação tecnológica, governança corporativa, interesse dos investidores, expectativas dos públicos de interesse, liderança e capacidade de resposta às mudanças sociais. O compromisso pela sustentabilidade com os públicos de interesse (*stakeholders*), investidores, clientes, fornecedores, consumidores, ONGs e comunidade em geral contribui para a redução do custo dos prêmios de seguros e incremento dos bens intangíveis da organização.

A responsabilidade social está se transformando num parâmetro e referencial de excelência para o mundo dos negócios e o Brasil corporativo como um todo. Segundo a Fundação para o Prêmio Nacional da Qualidade (2004), as organizações socialmente responsáveis devem abordar suas responsabilidades perante a sociedade e o exercício da cidadania, através de estágios, conforme discriminados a seguir, que vão desde uma fase embrionária até sua fase mais avançada.

Estágio 1: a organização não assume responsabilidades perante a sociedade e não toma ações em relação ao exercício da cidadania. Não há promoção do comportamento ético.
Estágio 2: A organização reconhece os impactos causados por seus produtos, processos e instalações, apresentando algumas ações isoladas no sentido de minimizá-los. Eventualmente, busca promover o comportamento ético.
Estágio 3: A organização está iniciando a sistematização de um processo de avaliação dos impactos de seus produtos, processos e instalações e exerce alguma liderança em questões de interesse da comunidade. Existe envolvimento das pessoas em esforços de desenvolvimento social.
Estágio 4: O processo de avaliação dos impactos dos produtos, processos e instalações, está em fase de sistematização. A organização exerce liderança em questões de interesse da comunidade de diversas formas. O envolvimento das pessoas em esforços de desenvolvimento social é freqüente. A organização promove o comportamento ético.
Estágio 5: O processo de avaliação dos impactos dos produtos, processos e instalações está sistematizado, buscando antecipar as questões públicas. A organização lidera questões de interesse da comunidade e do setor. O estímulo à participação das pessoas em esforços de desenvolvimento social é sistemático. Existem formas implementadas de avaliação e melhoria da atuação da organização no exercício da cidadania e no tratamento de suas responsabilidades públicas. É o estágio mais avançado e deve ser considerado como meta da organização.

Analisando As Melhores Empresas para Você Trabalhar (*Guia Exame*, 2004), identificam-se empresas exemplares como: Todeschini; Tigre; Magazine Luiza; Redecard; Credicard; Promon; e Belgo. A proposta desse *ranking* é servir de referência para um mercado cada vez mais sofisticado, exigente e competitivo. Nessas melhores empresas para se trabalhar utilizam-se fatores de avaliação relacionados ao clima organizacional, tais como: desenvolvimento profissional; equilíbrio entre vida pessoal e profissional; remuneração e benefícios; e ética e cidadania.

Um desses públicos, dos mais importantes, é o interno, ou clientes internos. Estes são os responsáveis pelo clima organizacional e pela produtividade e, portanto, pela melhoria dos resultados econômicos da organização. Essa abordagem interna complementa a ênfase que se deve dar às estratégias de responsabilidade social corporativa das organizações (clima organizacional, qualidade de vida e imagem institucional perante os seus próprios colaboradores).

As ênfases em termos de responsabilidade social corporativa podem ser diferenciadas em função do tipo de organização. Dessa maneira, quanto maior for a probabilidade de impactos ambientais e de danos econômico-financeiros à comunidade (em função da natureza de suas atividades), maior será a necessidade de evidenciação externa das ações da organização com os seus diferentes públicos (*stackholders*). Ou seja, a maior ou menor exigência de desenvolvimento de programas e projetos sociais, além do tamanho (empresas de porte tendem a desenvolver maior volume de ações sociais com sustentabilidade), vai depender do tipo de organização. As estratégias diferenciadas de responsabilidade social e de governança corporativa podem ser delineadas de acordo com a natureza da organização.

Essa possibilidade de agrupar empresas assemelhadas fica evidente quando se analisam os diferentes graus de rentabilidade entre as organizações que compõem a economia nacional.

A diferenciação entre as diversas organizações, a partir da análise dos balanços (*Gazeta Mercantil*, 2006) de empresas comerciais, industriais e de serviços, que compõem o universo corporativo, evidencia que não existe incompatibilidade entre lucratividade e sustentabilidade.

As organizações analisadas e enquadradas nesses setores são afins em termos de características organizacionais, que são identificadas em função da forma diferenciada em que as organizações se adaptam ao meio ambiente para manter a sua sobrevivência.

Haveria características em determinados setores econômicos que induziriam a margens de lucros tão contrastantes, mesmo se os executivos das empresas adotassem tecnologias de gestão equivalentes? Estariam algumas empresas predestinadas a se situar em margens fixadas por serem empresas comerciais, industriais ou de serviços? Ou seja, o fato de empresas como Ponto Frio (0,6%), Riachuelo (0,9%), Pão de Açúcar (5,9%), Coop (2,8%) e Drogasil (7%) definirem uma faixa de ganhos para as empresas comerciais.

Da mesma forma, por Petrobras, Klabin, Acesita, Belgo Mineira e Souza Cruz terem margens equivalentes significaria que qualquer empresa do setor industrial estaria fadada a obter idênticas margens? Ou aquelas empresas de prestação de serviços, como a Medial Saúde, Intermédica, Credicard e Redecard, teriam idêntico destino de serem bem-sucedidas, todas elas com altíssimas margens de rentabilidade?

Os resultados obtidos na análise de balanços de empresas comerciais, industriais e de serviços comprovam que não. Da mesma forma em que se identificaram empresas comerciais varejistas com altíssimas margens de ganhos (38,5% das Lojas Americanas, Makro com 22,4%, ou inversamente casos deficitários, como o Bom Preço com -28,1%), verificou-se que existem empresas de prestação de serviços com reduzidas margens (Golden Cross com 8,6% e Amil com 9,8%) e até mesmo valores negativos (Metrô com prejuízos em -6,4% e Unimed Paulistana com -7,4%)). No setor industrial, verificou-se comportamento equivalente com empresas que apresentaram baixos índices (Basf com 4,3%) ou até mesmo rentabilidade negativa (Eucatex com -21,3%) ao lado de outras com margens compatíveis àquelas do setor de prestação de serviços.

A arte como transformação social

Quando Patch Adams dizia que "os médicos não perguntam sobre os pacientes, somente sobre as doenças", estabelecia a real compreensão do tratamento médico da maioria dos hospitais. O que ocorreu na história real relatada no filme "O amor é contagioso" é algo que se propaga no mundo todo na forma de apresentação de grupos de atores caracterizados de palhaços nos hospitais. História verídica de Patch Adams (personagem vivido por Robin Williams), um médico que não aparece, não age e não pensa como qualquer médico que você já conheceu.

Esse filme retrata a vida de um profissional da saúde e reflete, principalmente, a organização de um hospital típico. Para Patch, o humor é o melhor remédio, e ele está disposto a quase tudo para que seus pacientes riam e, até mesmo, a colocar em risco sua própria carreira. Enfrenta uma instituição médica que tem suas leis e regulamentos autocráticos e que não permite desvios de conduta, como a "felicidade excessiva" vivida por Patch Adams.

Ele trata seus pacientes como gente e os chama pelo nome, enquanto os demais médicos os chamam de pacientes associados a uma determinada doença. Cria um empreendimento, na forma de clínica médica, que ajuda as pessoas carentes e tem como seu corpo técnico médicos e enfermeiros voluntários. Tal empreendimento se transformou num consagrado hospital de grande porte. Ele sabe lidar com gente. Pratica a medicina tradicional e procura, também, atender e cuidar de pessoas em seu sentido afetivo. Ou seja, tenta eliminar a distância profissional entre o médico e o paciente, recomendada pela medicina tradicional. Procura melhorar a qualidade de vida ao seu redor e compartilhar seus encargos profissionais com seus colaboradores e com as pessoas (pacientes) do hospital.

É uma história da vida real em que o médico Adams, há décadas, transforma os quartos dos hospitais que visita em um verdadeiro picadeiro. Sua especialidade é animar pacientes com brincadeiras para reduzir o sofrimento deles. Seu exemplo serviu de inspiração para o surgimento de vários grupos Doutores da Alegria, espalhados pelo mundo.

No Brasil, destaca-se o Doutores da Alegria do Brasil. Seu enfoque filosófico é evitar que o paciente seja tratado como cliente de loja, como um mero número de prontuário e com o qual o médico somente tem retorno financeiro se receitar remédios ou fizer alguma intervenção cirúrgica. O filme retrata, também, a ausência de preocupação da direção dos hospitais tradicionais com o aspecto da qualidade no processo de atendimento médico-hospitalar. Este fator é tão importante que no Brasil, atualmente, muitos hospitais adotam instrumentos de avaliação equivalente ao sistema ISO, denominada de acreditação hospitalar segundo padrões de qualidade especificados pela Organização Nacional de Acreditação.

Os Doutores da Alegria, no Brasil, têm levado bom humor às crianças internadas, fato que tem provado ser extremamente benéfico à recuperação da saúde. A missão deles é levar alegria a crianças hospitalizadas, a seus pais e profissionais de saúde (médicos, enfermeiros e atendentes hospitalares), por meio da arte do palhaço. A função é desenvolver um trabalho artístico altamente profissional e de qualidade dentro dos hospitais para que estes se transformem em centro de referência também de humanização no país. O treinamento dos artistas acontece por meio de *workshops* para triagem de novos elementos, cursos de desenvolvimento, reciclagem, intercâmbio com profissionais internacionais e apoio psicológico e metodológico constante.

Nos chamados "plantões besteirológicos", os componentes do grupo visitam hospitais, indo de leito em leito, "tratando" dos pacientes por meio de transplantes de narizes vermelhos, pílulas de bom humor, ferro de passar a febre, transfusões de *milk-shakes*, exames de estetoscópios que soltam bolhas de sabão e outros recursos circenses. Quando a quietude se faz necessária, empregam a mímica para se relacionar em suas brincadeiras. As visitas são realizadas periodicamente para acompanhar o desenvolvimento do paciente em seu período de internação, criando uma sólida relação de amizade e confiança com eles.

Depois dos Doutores da Alegria, centenas de iniciativas semelhantes foram criadas no país. Além disso, novos e diversificados públicos têm se interessado por esse tipo de trabalho. Os hospitais estão abrindo cada vez mais espaço para ações e projetos artísticos que promovam o bem-estar de seus pacientes e colaboradores profissionais. Até o Ministério da Saúde aderiu ao projeto, com a criação do Programa de Humanização Hospitalar.

Filmes, como "A firma", "A história de uma fraude: o caso Enron", "Com o dinheiro dos outros", "O amor é contagioso" e "Wall Street: poder e cobiça", evidenciam que as organizações, para prevenção de questões como as relatadas nesses, procuram adotar ações de governança corporativa para preservar em bom conceito seu relacionamento com seus acionistas, investidores e a comunidade em geral.

Transparência corporativa

Uma das lições a se extrair do filme "A firma" é que as empresas mais bem reconhecidas pela comunidade são aquelas que refletem o bom relacionamento com seus diferentes públicos e, principalmente, com seus colaboradores. Isso inclui a qualidade na divulgação de informações, a política de remuneração de dividendos e o retorno satisfatório para os acionistas, além da transparência dos relatórios de atividades empresariais e dos balanços financeiros.

A responsabilidade social corporativa como um modelo de fazer negócios deve levar em conta, de forma integrada:

- processo produtivo;
- relações com a comunidade;
- ética e cidadania;
- remuneração e benefícios;
- desenvolvimento profissional; e
- equilíbrio profissional *versus* pessoal.

Por "relações com a comunidade" e "ética e cidadania", entende-se administrar as expectativas dos diferentes públicos que interagem com a organização, tais como acionistas, instituições financeiras e comunidade em geral. É a governança corporativa que torna transparentes as ações internas da organização, disseminando-as em bom conceito junto ao público externo (*stackholders*). O filme "A história de uma fraude - o caso Enron" mostra a questão da governança corporativa de forma emblemática. Uma das empresas de energia líderes dos EUA, a Enron mantinha-se no topo graças aos lucros inflados artificialmente, o que fazia com que suas ações fossem progressivamente valorizadas na Bolsa de Valores "Wall Street". Com isso, o valor das ações e, conseqüentemente, o patrimônio da empresa estavam sempre acima da média do mercado, permitindo que seus acionistas, diretores e empregados tivessem sua riqueza pessoal aumentada constantemente. Esse fato fez com que o personagem principal, Kennet Lay, se entusiasmasse com a organização desde o primeiro dia de sua vida de "enronita".

Parte II

RECURSOS HUMANOS E GESTÃO COM PESSOAS

Visão geral

4. Treinamento e educação corporativa *(A história de uma fraude: o caso Enron; O sucesso a qualquer preço; Até o limite da honra; Apolo 13: do desastre ao triunfo).*
5. Liderança e trabalho em equipe *(O Gladiador; Tróia; Até o limite da honra; Adorável professor - Mr. Holland; Mestre dos mares; A história de uma fraude: o caso Enron)*
6. Reconhecimento e recompensas *(Tucker: um homem e seu sonho; Wall Street; Do que as mulheres gostam; Com o dinheiro dos outros; A história de uma fraude: o caso Enron)*
7. Clima organizacional e qualidade de vida *(A Firma; A história de uma fraude: o caso Enron; Sucesso a qualquer preço)*
8. Impacto da tecnologia na natureza do trabalho.
9. Alinhamento estratégico das decisões *(Piratas da informática; Ameaça virtual)*

"Filmes, quando seu enredo é interpretado à luz da Teoria da Administração, são mais que entretenimento, são lições de gestão empresarial," dizem os autores.

Audi de Curitiba, todas robotizadas e possuidoras das melhores tecnologias e mão-de-obra do mundo.

Outra variável de influência é a legal-governamental, que tributa as empresas, em média, na base de 40% do Produto Interno Bruto - PIB em impostos. Ou seja, significativa fatia do que é produzido vai para o governo, que acaba se constituindo em sócio do negócio sem fazer nada. O setor público deveria canalizar parte dos seus investimentos em obras de infra-estrutura que poderiam impactar positivamente as atividades produtivas da economia nacional.

Essa produtividade, segundo o relatório "A evolução da produtividade total dos fatores da economia brasileira: uma análise do período pós-real", da Fundação Getúlio Vargas, é diferenciada em função do setor da economia e considera quatro vertentes: progresso técnico; eficiência técnica; eficiência de escala; e eficiência alocativa.

Setor	**Produtividade**
Indústria de transformação	1,9 %
Construção	3,0 %
Comércio	9,1 %
Serviços	9,3 %

Fonte: Fundação Getúlio Vargas

Produtividade = progresso técnico da média do setor + ganhos de escala + eficiência alocativa

O progresso técnico evidencia a evolução tecnológica advinda da incorporação de novos métodos ou de novos produtos e oferece resultados diferenciados para empresas novas e a média do setor. No caso específico do comércio, enquanto a média do setor é de aumento anual de 8,7%, no progresso técnico, as empresas novas crescem 17,8%. Para o setor de serviços, a média do setor, de 7,5% ao ano, está mais próxima da taxa exibida pelas empresas novas, com 9,5%.

A eficiência técnica espelha o grau de eficiência da empresa em relação à melhor técnica disponível. Eficiência de escala considera os ganhos econômicos obtidos com o aumento da escala da produção e com o melhor aproveitamento da capacidade instalada. E a eficiência alocativa mostra os ganhos conseguidos com uma melhor alocação dos fatores produtivos. O aumento dos impostos, por exemplo, acaba por reduzir a eficiência das empresas.

No setor de serviços, onde o estudo identificou aumento médio anual da produtividade de 9,3%, o mais alto da pesquisa, o progresso técnico foi o principal responsável pelos ganhos registrados. Os investimentos de grande porte no segmento de hotéis de turismo, segundo a FGV, que trouxeram equipamentos, novas formas de administrar e demandaram pessoal treinado em volume significativo, provocaram ganho de produtividade nesse segmento particular do setor de serviços. A produtividade desse tipo de negócio cresce em média 8,2% ao ano.

No comércio, cujo aumento médio anual da produtividade é de 9,1%, a evolução tecnológica também é sinalizada pela pesquisa como o principal fator de ganhos (instalação de equipamentos de automação comercial em supermercados, farmácias e lojas do comércio varejista, por exemplo). A incorporação de novos produtos, equipamentos e novos métodos de conduzir o negócio foram outros fatores de influência nesse incremento de produtividade.

O grau de eficiência técnica do comércio, de 52,2%, mostrou-se superior ao da indústria, de 45,4%, com destaque para o comércio atacadista, com 57,8% em um contexto de um índice de 100% como o melhor grau de eficiência técnica. Além dos supermercados e farmácias, o estudo aponta o comércio de veículos e combustíveis que apresentam um conteúdo tecnológico 18,4% superior ao do comércio varejista. No caso da indústria de transformação, além dos investimentos em pesquisa e desenvolvimento (P&D) das empresas, o estudo abrangeu, ainda, informações sobre o capital humano, em especial, o grau de escolaridade.

Os setores que investem em tecnologia e, principalmente, que empregam mão-de-obra com maior qualificação são os que obtêm maior valor adicionado por trabalhador. Do ponto de vista técnico, os setores mais eficientes da indústria são: petroquímica; máquinas para escritórios; equipamentos para informática; e extração de minerais metálicos. Os menos eficientes, segundo a mesma pesquisa, são os setores de fumo, de madeira e a indústria de reciclagem. Os segmentos, ainda na indústria, que apresentaram maior conteúdo tecnológico foram: máquinas para escritório e equipamentos para informática; produtos químicos; eletrônica; comunicações; e equipamentos de transportes.

A produtividade, conforme conceito adotado nesta obra, depende de fatores como nível de qualificação da mão-de-obra, volume de unidades produzidas (economia de escala), modo de produção, localização geográfica, tecnologias da informação e grau de automação das fábricas (automação). Para que se consiga maior produtividade e, conseqüentemente, melhor resultado econômico, é necessário que a organização dedique especial atenção à formulação de políticas e diretrizes voltadas para o recrutamento, seleção, contratação, treinamento, desenvolvimento e realização profissional das pessoas do seu quadro de colaboradores.

Os esforços dos executivos das organizações, portanto, podem ser infrutíferos em suas estratégias para ocupar espaços no mercado e obter bons resultados corporativos se não considerarem que tudo depende da boa execução dos processos que compõem a sua cadeia produtiva. E que a realização desses processos está diretamente ligada à boa gestão com pessoas da organização que, utilizando-se dos recursos que lhes são disponibilizados, os executam em seus níveis estratégico e operacional.

Por esse motivo, é fundamental que a organização estabeleça um relacionamento com os seus colaboradores, alicerçado em bases sólidas, que só podem ser conseguidas com valores positivos, com políticas e diretrizes compatíveis com a realidade de mercado, com práticas de relações trabalhistas justas e bem aceitas e com um ambiente de trabalho seguro e com qualidade de vida.

A responsabilidade social corporativa como um modelo de fazer negócios, conforme analisado no capítulo anterior, deve levar em conta, de forma integrada:

- processo produtivo;
- relações com a comunidade;
- ética e cidadania;
- remuneração e benefícios;
- desenvolvimento profissional; e o
- equilíbrio profissional *versus* pessoal.

O processo produtivo diz respeito ao produto, relacionamento com clientes, contratação de insumos e respectivo relacionamento com fornecedores. É um processo centrado e apoiado nas pessoas que compõem a organização.

Este fator, juntamente com os demais, constitui a gestão com pessoas, conforme enfocados nesta parte:

- Treinamento e educação corporativa;
- Liderança e trabalho em equipe;
- Reconhecimento e recompensas;
- Clima organizacional e qualidade de vida;
- A tecnologia é a resposta.

Capítulo 4

TREINAMENTO E EDUCAÇÃO CORPORATIVA

"...lembrem-se sempre de que vocês formam uma equipe", declara o comandante-em-chefe.

Essa ordem do comandante, proclamada em "Até o limite da honra", sintetiza o espírito de equipe do corpo de fuzileiros navais tanto em seu intensivo treinamento como em combate. O filme conta a história de uma oficial da Inteligência Militar, a tenente Jordan O'Neil (Demi Moore), que, após pressão de uma senadora de idéias aparentemente feministas, torna-se a primeira mulher num grupo de elite da Marinha americana (Navy Seals). Na verdade, os oficiais do alto comando, inclusive a própria senadora que a indicou, torcem pelo seu fracasso. Ou seja, a indicação dessa oficial foi um subterfúgio para negociações políticas escusas praticadas no submundo governamental de Washington. Além da severidade do comandante dos Navy Seals, a tenente se depara com o preconceito e a hostilidade de todos os seus companheiros de treinamento.

A produção mostra a importância do treinamento para que uma organização militar atinja seus objetivos (que têm correlação direta com os objetivos corporativos das organizações empresariais). O programa de treinamento seguia o estilo espartano de preparação para a guerra (Esparta foi a pioneira do treinamento, com disciplina e estratégias predefinidas) e, tradicionalmente, pouquíssimos de seus participantes conseguiam chegar até o seu final.

Outra característica da fita é a abordagem, dramática, da importância do trabalho em equipe em diversas cenas e, em contraponto, o que acontece quando não há cooperação. Numa cena, o comandante-em-chefe, ao enfrentar a falta de colaboração em uma missão militar durante o treinamento, declara: "Lembrem-se sempre de que vocês formam uma equipe!". Em outra cena, a tenente O'Neil serve como apoio para que os componentes de seu grupo ultrapassem uma barreira e, no momento em que precisa da ajuda para concluir o exercício, um membro de sua equipe não lhe dá a mão, literalmente, colocando tudo a perder no resultado da avaliação desse módulo de treinamento.

No decorrer do treinamento, a tenente sofre discriminação dos demais colegas da unidade e tem de provar que pode suportar semanas de tortura física e emocional. Poucos acreditavam que teria êxito. Enfim, surpreendendo a todos, ela conseguiu concluir seu programa de treinamento e o colocou em prática numa missão de resgate de um satélite e da tropa de *marines* no Oriente Médio, salvando a vida de seu próprio comandante. As questões de liderança, trabalho em equipe, éticas e de responsabilidade social são enfatizadas como uma verdadeira lição de administração.

As organizações estão tendendo a implementar cada vez mais a educação corporativa como forma de responder às demandas por treinamento, bem como de desenvolver competências e habilidades necessárias à realização de suas estratégias de negócios.

É nesse contexto que se insere o desenvolvimento do pessoal e a educação corporativa no contexto das organizações. Entende-se por educação corporativa os sistemas educacionais que privilegiam o desenvolvimento de atitudes, posturas e habilidades, e não apenas o conhecimento técnico e instrumental aos colaboradores das organizações, visando prover oportunidades de aprendizagem ativa e contínua, que dêem suporte para a organização atingir seus objetivos críticos do negócio.

A educação corporativa, via universidades, institutos, centros ou escolas de diversos tipos e estrutura, surgiu e está crescendo, rapidamente, para atender às necessidades de educação continuada e sustentar vantagens competitivas, inspirando um aprendizado permanente e um desempenho "excepcional" dos valores humanos e, conseqüentemente, das organizações. Tem por finalidade o desenvolvimento e educação de empregados, clientes e fornecedores, com o objetivo de atender às estratégias empresariais de uma organização como meio de alavancar novas oportunidades, entrar em novos mercados globais, criar relacionamentos mais profundos com os clientes e impulsionar a organização para um novo futuro.

A educação corporativa, diferentemente da educação formal, que necessita de credenciamento e reconhecimento oficial, se caracteriza pelo reconhecimento apenas do mercado que, também, avalia sua qualidade. Na educação formal a qualidade é mensurada por padrões quantitativos e alheios à realidade do mundo empresarial.

Enquanto a educação formal considera imprescindível o diploma registrado para o curso ter validade, na educação corporativa o que vale é a aprendizagem. Cursos e programas são livres e visam a atender às necessidades das pessoas que integram as organizações. Na educação formal os cursos e programas são regulados por lei e estruturados segundo normas rígidas do MEC.

Os conteúdos dos cursos e programas das universidades corporativas são múltiplos e diversificados, segundo a natureza da organização, suas características, sua categoria econômica, nível de abrangência, porte e cultura organizacional e outros elementos afins. A duração dos cursos é bastante diferente, variando de acordo com o aprofundamento e a natureza dos estudos. Os cursos de conteúdo e duração mais densos são os destinados à formação e desenvolvimento gerencial, sendo mais comuns os MBAs (Master Business Administration).

As universidades corporativas podem oferecer cursos e programas com características da educação formal, com o objetivo de atender um público específico, visando a migração de créditos, ou seja, o aproveitamento dos estudos realizados no ambiente da educação corporativa para a educação formal. Podem, ainda, desenvolver cursos e programas de pós-graduação (especialização ou mestrado) ou de formação profissional, em nível médio ou superior, ao abrigo das Leis das Diretrizes e Bases - LDB e das normas editadas pelo MEC, incluindo ensino a distância.

Na educação formal prevalece a aprendizagem temporária e com preponderância de aulas expositivas e teóricas. Já na educação corporativa predominam as metodologias que privilegiam a aprendizagem por meio de atividades práticas, de exercícios, estudos de casos, simulações, jogos corporativos e outros recursos didáticos baseados em multimídia e demais recursos de tecnologias da informação. Nessa área, adota-se o modelo baseado na graduação, que vincula o conhecimento estruturado à formação técnica e científica de um indivíduo, enquanto que na educação corporativa associa-se o conhecimento, nem sempre estruturado, às necessidades estratégicas de uma organização.

O *e-learning* continua se destacando no campo do treinamento e desenvolvimento, através de literatura especializada, apresentações em conferências e empresas ponto.com. A utilização do *e-learning* mostrou poucas mudanças na década de 90. A partir do ano 2000, entretanto, as projeções têm sido feitas de forma mais realista do que no passado recente. Ou seja, a maioria das organizações continua a acreditar que o *e-learning* vai desempenhar um papel cada vez mais importante no futuro, mas descobriu como é difícil tornar essa tecnologia aplicável.

Tais sistemas podem compreender as formas de: educação formal, no caso de cursos de formação acadêmica requeridos; educação não-formal, por meio de cursos ou programas de currículos desenvolvidos especificamente para atender os colaboradores de determinada área da empresa, por exemplo; e educação informal, que considera atividades, tais como visitas de *benchmarking*, dinâmicas para discussão de casos, palestras e congressos especializados. Diferentes aspectos relacionados à educação formal podem ser vistos no filme "Uma mente brilhante" e naqueles referidos às instituições de ensino (vide Apêndice: Resenhas e índice remissivo).

Outras características relacionadas à educação corporativa, que em boa parte, ao longo do tempo, tendem a se tornar tendências, são:

a) os programas de educação superior, os das instituições formais ou os das universidades corporativas voltados para a formação de talentos humanos para o mundo do trabalho, devem desenvolver qualificações, competências e conhecimentos básicos no profissional para o ambiente de negócios;

b) serviços educacionais com maior variedade de produtos e utilização de estratégias voltadas para o mercado;

c) educação voltada para o mercado e a empregabilidade, com foco na conveniência, no atendimento individualizado do educando, em tempo real. O educando como consumidor de conhecimento;

d) cursos sob medida, que tenham como foco as qualificações, o conhecimento e as competências requeridas pelos profissionais ou pelo mercado;

Treinamento de integração

Nas empresas, normalmente, existem atividades relacionadas a treinamento, educação corporativa (que inclui universidade corporativa, também), além do treinamento de integração conforme abordado no filme. Por treinamento de integração, entende-se aquele treinamento inicial visando inserir o funcionário recém-admitido no ambiente organizacional da nova empresa. No filme "A firma", o advogado (Tom Cruise) recém-admitido recebe *training on the job* com a designação de um advogado (Gene Hackmann) mais experiente como tutor.

Capítulo 5

LIDERANÇA E TRABALHO EM EQUIPE

"...cavalheiros, sugiro que vocês inventem uma maneira de enfiar um poste quadrado num buraco redondo, e rápido", ordena Gene Kranz, encarregado das operações da missão na base em Houston, no filme "Apolo 13".

Essa frase enfatiza a necessidade de superar uma deficiência de planejamento ocorrida na fase de concepção da espaçonave. Evidencia a liderança carismática de Gene Kranz (Ed Harris), que consegue motivar uma grande equipe de engenheiros a encontrar uma solução técnica para um problema aparentemente insolúvel, em curtíssimo período de tempo.

"Apolo 13" mostra que um empreendimento, qualquer que seja a área de atividade, necessita de liderança e planejamento cuidadoso para ser bem-sucedido. A despadronização de certos componentes que faziam parte dos equipamentos de bordo da espaçonave "Apolo 13" quase leva ao insucesso da empreitada. É quando Gene Kranz, encarregado das operações da missão na base em Houston, ordena: "Cavalheiros, sugiro que vocês inventem uma maneira de enfiar um poste quadrado num buraco redondo, e rápido."

A deficiência do planejamento central, a cargo da Agência Nacional de Administração Aeroespacial (Nasa), é compensada pela liderança e pelo trabalho de equipe, exercidos de forma dramática pelos tripulantes da espaçonave e equipe em terra. Tal decisão, adotada em função dos problemas inesperados ocorridos, levou a missão ao risco e à incerteza. Contratempos desnecessários, caso tivesse havido melhor planejamento da Nasa antes da partida da Apolo. A frase que virou símbolo do filme - "O fracasso não é uma opção"- passou a ser parte da explicitação de missão de grandes organizações empresariais. Os astronautas e a equipe da missão em terra deram um exemplo de liderança, sensata e profissional, durante a crise vivida pelos membros da missão espacial.

Kranz e Jim Lovell (Tom Hanks), comandante da missão lunar da Apollo em 1970, não podem ser consideradas pessoas fora do comum. São indivíduos confrontados com um problema crítico, que só poderia ser resolvido com trabalho em equipe, perseverança e gestão equilibrada. Lovell, no decorrer da missão, coordena uma equipe submetida ao estresse mais catastrófico possível.

É quando se evidencia o papel da comunicação na liderança: Kranz e Lovell suprimem as discussões inúteis, nunca passam adiante informações incompletas ou alarmistas e mantêm comunicação verbal constante entre os homens em terra e os homens no espaço. Com isso, eles conservam o máximo de controle numa situação caótica e inspiram confiança nas duas equipes. É a lição que se pode extrair do episódio: para obter a lealdade e o comprometimento de seus subordinados, os executivos precisam, antes de mais nada, conquistar a confiança deles.

O filme ressalta o fator humano como centro das organizações, conforme preceituado pela Escola das Relações Humanas. Evidencia, ainda, o conflito entre o homem e a tecnologia. A tecnologia e seus efeitos sociais entendidos não como fato recente, mas sua inserção ao longo da história. A sucessão, no tempo, de artefatos mais e mais elaborados forma uma trama única com centenas de milhares de anos, desde a infância da humanidade. Cada sociedade não apenas dominou e aplicou seu próprio conjunto de conhecimentos tecnológicos, mas também foi, em grande medida, caracterizada por eles.

Historicamente, recentes são os usos e aplicações sistemáticos e intencionais da tecnologia em si. As principais linhas de desenvolvimento tecnológico contribuem decisivamente para a configuração da atual realidade social e econômica. A microeletrônica, como uma dessas linhas, desenvolveu os *chips*, que possibilitaram o surgimento de uma infinidade de novos produtos, entre os quais o computador pessoal, provocando a mais significativa transformação nos métodos de trabalho.

O potencial transformador da microeletrônica, por meio da união com outras linhas de desenvolvimento tecnológico - a convergência tecnológica -, resultou na criação de ramos inteiramente novos e extremamente poderosos. A microeletrônica aliada à mecânica, por exemplo, gerou a mecatrônica, impulsionando a automação para o aumento da produtividade industrial, como sucedâneo das soluções de eficiência tayloristas. A telemática, fruto da convergência das telecomunicações com a informática e outras mídias digitais, possibilitou o surgimento da Internet como revolucionário instrumento de trabalho. Dessa maneira, novos sistemas de produção industrial que dispensam a participação direta da mão-de-obra, além de outros avanços tecnológicos aplicados nas organizações, caracterizam a atual era do conhecimento, em que o indivíduo é o personagem central.

Nesse cenário não mais futurístico de viagens espaciais, quando avançados recursos tecnológicos falham, o ser humano, devidamente capacitado em termos de competências e habilidades adquiridas em longos períodos de treinamento, consegue superar tais deficiências.

No universo empresarial, constata-se uma evolução gradual na forma de relacionamento das organizações com seus colaboradores. Cada organização segue seu ritmo de desenvolvimento, mas de maneira geral tem-se detectado a preocupação em buscar melhorias na forma de gestão do ambiente organizacional. O foco das preocupações tem ido além da concessão de benefícios e outras formas de melhoria do ambiente relacionado mais aos aspectos físicos. Há um cuidado especial com as questões de relacionamento e de respeito às pessoas e à justiça social. É a busca do tratamento igualitário a todos os colaboradores. Não se trata de aspectos ligados às políticas de remuneração ou de benefícios da organização, que trazem em sua concepção diferenciações entre grupos funcionais, mas sim da forma de tratar as pessoas.

O filme "O gladiador" enfatiza a implementação de estratégias militares, extremamente aplicáveis no campo da gestão de negócios, sobretudo o trabalho em equipe e a liderança na condução de um empreendimento, qualquer que seja ele. Isso é ilustrado na empreitada de um pequeno grupo de gladiadores que, na arena, combatem um destacamento de um preparado exército profissional (remunerados pelo seu trabalho militar com o soldo/salário). Em menor número, mas com um planejamento exercido sob a liderança do gladiador (Russel Crowe), o motivado (luta pela sobrevivência) grupo de gladiadores (que recebe treinamento permanente) consegue vencer o poderoso e equipado (armas, bigas, cavalos e equipamentos militares) exército romano. Nessa cena de batalha em plena arena do Coliseu, o general a lidera baseado na estratégia de trabalho em equipe, o que se confirma quando dá a voz de comando: "Se trabalharmos juntos... se ficarmos juntos, sobreviveremos...". É o triunfo da liderança exercida pelo general-gladiador com seu coeso grupo de gladiadores sobre a numerosa e treinada legião do exército romano. É este trabalho em equipe que, outrora, leva esse mesmo exército romano à vitória contra os povos do Norte quando, comandados pelo General Maximus (Crowe), seus soldados o seguem sob a determinação: "...mantenham-se comigo em ordem unida". É o líder apregoado por Sun Tzu como um guerreiro hábil que se coloca numa posição que torna a derrota impossível e não perde a ocasião de aniquilar o inimigo. É o chefe consumado que cultiva a Lei Moral e adere estritamente ao método e à disciplina; portanto, está em seu poder controlar o sucesso. O treinamento constante e intensivo faz os movimentos individuais de cada membro da equipe de gladiadores sincronizados entre si, sob as ordens do gladiador-general, que os torna invencíveis na arena. São os conceitos da Escola de Relações Humanas, positiva ou negativamente, evidenciados no filme.

"O gladiador" destaca, ainda, os meandros do poder político que influenciam as decisões do alto comando de uma organização (no caso, o Império Romano). A guerra contra os povos bárbaros do Norte (gauleses, bretões, germanos e outros), que lutam com valentia mas de forma desordenada, evidencia as estratégias de guerra das legiões romanas que atuam com liderança, disciplina e trabalho em grupo, guardando perfeita analogia com o mundo empresarial dos tempos atuais. Como um vitorioso general do exército romano, Maximus é escolhido pelo imperador romano, Marcus Aurelius (Rex Harris), de idade já avançada, para sucedê-lo. Commodus, seu filho biológico, trama contra o pai e assume como o novo César. A partir desse momento, o general, fiel guardião do imperador assassinado, é condenado e acaba sendo banido definitivamente do exército romano. Como escravo, Maximus torna-se gladiador e retorna como tal para lutar na arena de Roma.

O espírito de equipe, destacado em "O gladiador", pode ser também observado em "Até o limite da honra", quando o comandante-em-chefe, para estimular a coesão de seu grupo, enfatiza "... lembrem-se sempre de que vocês formam uma equipe".

Outro filme que aborda o trabalho em equipe e a influência da liderança é "Tróia". Seu conteúdo histórico, embora com mais de 2000 anos, é atualíssimo para os eventos dos dias de hoje. Torna evidente os conceitos de recursos humanos, estratégias militares, que têm uma analogia com as estratégias empresariais e a questão da liderança corporativa. A versão original do poeta grego Homero tornou-se a base para a criação dos super-heróis dos quadrinhos dos anos 30 para cá e, também, dos novos super-homens cibernéticos inventados pelo cinema. Os deuses e semideuses, convivendo com os humanos, podem ser vistos nas telas de TV, em qualquer hora e lugar do mundo.

A história pode ser interpretada, ainda, sob a ótica econômica, pois Homero escreveu a epopéia, que pode ter uma leitura de que tudo foi uma trama de Zeus para diminuir a população da Terra, que no entender do deus, já estava esgotando seus recursos naturais e materiais para sustentar o crescimento populacional que se verificava no mundo grego. Daí para envolver uma linda mulher (Helena) e dois líderes políticos (Menelau de Esparta e Príamo de Tróia) foi um passo. Estava assim composta a receita, com todos os ingredientes, para deflagrar uma guerra e desencadear um grande genocídio (nada mais semelhante e atual do que comparar com a atual situação do planeta!). A organização das tropas, de ambos os lados, evidenciava a especialização dominante nos exércitos da época, que prevalece até hoje. Tróia, Atenas e, principalmente, Esparta se destacavam por terem exércitos com funções perfeitamente delimitadas (lanceiros, cavaleiros, arqueiros, pessoal da infantaria e carros de combate/bigas), e por um rigoroso e constante treinamento de seus homens. A logística que acompanhava as tropas se fazia presente para abastecer a linha de frente (soldados), com o suprimento de armas, equipamentos, navios e alimentos desenvolvidos pelo seu pessoal de apoio.

A influência das estratégias e modo de organização dessa época se vê também, no período dominado pelo Império Romano, pois as legiões adotavam tais técnicas. Daí para os dias de hoje foi uma evolução natural. As atuais organizações militares e empresariais ainda adotam estratégias corporativas, de divisão de funções de seus funcionários, que muito lembram aqueles dias de Tróia, Atenas e Esparta. Ou seja, a Escola Clássica, o taylorismo e o fordismo ainda se fazem presentes no mundos dos negócios, a depender do tipo de organização em que se estiver tratando. Os conceitos da Escola das Relações Humanas se fazem presentes, ainda, no gerenciamento dos recursos humanos.

Naquelas legiões militares, em que os homens eram tratados com respeito e honra, tinham melhores desempenhos do que aquelas equipes lideradas de forma autocrática e desumana. Esta questão na forma de liderar as equipes de trabalho, na verdade, atingia todos os níveis de comando, desde o general-rei até o soldado mais simples. As disputas entre o general-rei Agamenom, que liderava o exército grego, e Aquiles criavam uma baixa no moral da tropa e quase provocou a derrota dos exércitos gregos. O governante esclarecido, segundo Sun Tzu, situa seus planos muito à frente; o bom general melhora seus recursos. Comanda seus soldados com autoridade, os mantém juntos pela boa-fé e os torna serviçais com recompensas. Se a fé diminuir, haverá separação; se as recompensas forem deficientes, as ordens não serão respeitadas.

No filme, percebe-se a total ausência de responsabilidade social perante as vidas humanas de seus cidadãos e soldados, em ambas as partes. Tanto da parte da Príamo, que envolve seus pacatos cidadãos e soldados que viviam em paz, jogando-os em uma guerra catastrófica, como da dos gregos (Agamenom e Menelau), que manda seus guerreiros para a morte em uma guerra sem nobre causa. Embora Tróia seja destruída, não se pode dizer que os gregos foram os vencedores. No fim da guerra todos saem perdendo, gregos e troianos. Conforme Sun Tzu, em *A Arte da Guerra*, nenhum dirigente deve travar batalhas desnecessariamente, pois um reino que tenha sido destruído jamais poderá tornar a existir.

Para entender o valor do trabalho em equipe, basta olhar o céu no início e no fim do dia. Voando em direção aos campos onde se alimentarão, ou aos seus ninhos, no fim da tarde, na tradicional formação em V, os pássaros ensinam conceitos de Administração sobre solidariedade e cooperação grupal. O ar deslocado pelas asas de cada um ajuda o desempenho do companheiro ao lado, proporcionando, assim, que o grupo consiga mais autonomia de vôo (mais tempo no ar) do que se voassem sozinhos. Os pássaros que se posicionam à frente, como verdadeiros líderes, se revezam na tarefa para assegurar a preservação do ritmo de vôo. Os que estão atrás bradam sons de incentivo que motivam os outros à frente a voarem mais e mais.

No filme "Adorável professor - Mr. Holland", é possível assistir à organização de concertos, encenação de ópera e peças musicais, que é um dos pontos fortes do seu enredo. A complexidade de encenar um concerto, ópera e peça musical oferece algumas analogias com os problemas de trabalho em equipe e gestão empresarial. Enquanto os espetáculos musicais se desenrolam na tela, exigindo uma grande infra-estrutura organizacional, uma reflexão é pertinente. Seria uma grande empresa mais complexa, em termos organizacionais, do que um grupo de músicos como um mero conjunto de indivíduos que se reúnem pelo prazer da música em sua simplicidade? Enquanto a música se eleva com a harmonia de sons emitidos pelos instrumentos regidos sob a batuta do maestro, pode-se pensar o contrário.

A orquestra também é uma grande organização complexa. Uma orquestra, sob a direção do maestro, tem de lidar com sindicatos de músicos, incluindo sindicatos em separado de grupos de músicos, coros e outros *free-lancers*, em regimes de tempo parcial e integral, cada um com seu próprio contrato, diferentes salários, jornada de trabalho e acordos de horas extras. Isso converte a organização dos ensaios em um pesadelo em temos de logística organizacional.

Enfim, a complexidade presente em uma empresa pode se igualar às exigências práticas de tocar uma ópera. É necessária uma variedade incrível de ofícios, desde a carpintaria e engenharia até a fabricação de perucas e alfaiataria, para colocar em cena uma produção teatral ou espetáculo musical. Nos bastidores do teatro, pode-se observar dezenas de artesãos trabalhando com trajes, perucas, cenários e outros detalhes logísticos.

Em oficina, bibliotecários catalogam milhares de folhas de partituras para que cada ator tenha a sua parte devidamente anotada para se ajustar à interpretação artística do maestro. Deve atrair, ainda, artistas de primeira linha que, invariavelmente, querem ampliar seus interesses, cantando ou dirigindo determinadas obras. Acima dessas questões surge, também, a necessidade constante de vender um volume de ingressos, o suficiente pelo menos para cobrir os custos do espetáculo (na empresa, é o tradicional ponto de equilíbrio em que receitas se igualam aos custos). O espetáculo requer cantores, músicos, corpos de baile, tenores e mãos no cenário que trabalhem sem descanso. Se algum elemento falhar, tudo vem abaixo. Exatamente o que ocorre nas organizações empresariais, onde se exige trabalho em equipe em todos os seus diferentes segmentos organizacionais.

O trabalho do diretor de uma empresa, como o de maestro, é unir e dar coesão a todos os indivíduos sob sua supervisão. O trabalho em equipe não é o único ponto em comum entre orquestra e empresa. Da mesma forma que a orquestra necessita equilibrar obras famosas com óperas (ou músicas) contemporâneas, ou menos conhecidas, em um negócio são travadas constantes batalhas entre as equipes de pesquisa e desenvolvimento e o pessoal de marketing para um ou outro produto. Ou seja, a composição do composto de produtos (mix de marketing), diferentes grupos de interesses, como também o mercado influenciam nas decisões estratégicas.

"Mestre dos mares" é outro filme que destaca a liderança e trabalho em equipe para o sucesso de um empreendimento. Nas batalhas, o determinado capitão Jack Aubrey (Russell Crowe) se mostra tão forte quanto o mastro de madeira brasileira de seu navio, o *HMS Surprise*. Nos momentos de calmaria, ele toca Mozart ao lado de seu amigo, o naturalista e médico da tripulação Stephen Maturin. Navegador competentíssimo, grande estrategista de guerra e comandante que mistura austeridade, humor e justiça em doses absolutamente proporcionais, Aubrey sabe muito bem colocar uma muralha de pedra entre ele e seu amigo quando se trata de exercer autoridade e determinação necessárias ao seu papel de líder com sua equipe. Mesmo que não seja para o bem imediato de todos, mas que, ao final, o risco tenha se transformado em sucesso.

A influência do capitão se traduz no conceito prescrito por Sun Tzu, que define a utilidade de um exército, uma poderosa tropa de um milhão de homens, por exemplo, ficar na dependência de um só homem: esta é a influência do espírito! Maturin, ao contrário, guarda a conduta centrada dos cientistas. Como naturalista, está mais interessado em suas pesquisas nas ilhas Galápagos do que nas emoções da guerra. Embora não negue bravura nos momentos cruciais, até quando é obrigado a retirar uma bala do próprio corpo.

Sobre essa plataforma de sentimentos desconexos, que acabam se misturando nos alicerces de uma amizade sólida, evidenciam-se dois personagens cuja masculinidade nunca é questionada. São conversas de cúmplices, de gente que começa a enxergar as mudanças radicais na civilização em contrapartida à alegria rude dos marinheiros. Para balancear esse universo em guerra de poder contra as tropas de Napoleão, na verdade mostrada numa única cena de batalha corpo-a-corpo, o filme centra a ação no mar. É uma lição de administração e gestão empresarial quando se faz analogia do comando e liderança da tripulação do navio *HMS Surprise* com a gestão de uma organização empresarial. Como educação corporativa e desenvolvimento, é abordado o processo de aprendizado dos marinheiros que convivem no dia-a-dia com o treinamento no processo de trabalho exigido pelo barco e que conduz ao domínio de uma determinada tecnologia. Para efeito da sociedade da época, era perfeitamente aceitável que as técnicas de produção mais elaboradas fossem transmitidas com as limitações impostas pelas corporações que as dominavam e que estabeleciam critérios fortemente restritivos em termos da admissão de aprendizes, o que tornava a formação profissional bastante lenta e totalmente sujeita ao controle pessoal do mestre encarregado de ministrá-la.

Nesta nova era, em que o trabalho em equipe e o capital humano passam a ser mais importantes do que o capital tradicional, algumas indagações podem surgir na mente dos gestores das organizações. Como a organização estimula, identifica, desenvolve, mantém, protege e compartilha o seu capital intelectual? Como as inovações tecnológicas, os conhecimentos adquiridos e outros componentes do capital intelectual são compartilhados internamente à organização? Questões como essas exigem dos executivos das organizações decisões estratégicas inerentes ao estímulo do pensamento inovador e preservação do conhecimento tecnológico de seus colaboradores.

Capítulo 6

RECONHECIMENTO E RECOMPENSAS

"... se você corta os salários, simplesmente está cortando o número de seus consumidores!", afirmava Henry Ford.

Estratégias salariais

O que na realidade Henry Ford queria dizer era que os salários não representavam um ônus para a empresa, pois uma boa remuneração tornava o carro acessível a um maior número de consumidores (seus empregados). Esse conceito pode ser reparado no filme "Tucker: um homem e seu sonho". Se fosse para ter diminuído o custo de cada carro, seria preferível reduzir outros insumos produtivos, e não os salários de seus trabalhadores, dizia Ford, em resposta à mídia da época que o criticava por aumentar os salários de seus trabalhadores constantemente.

Na verdade, faz algum tempo que o processo de remuneração das organizações não se limita a administrar as políticas de cargos e salários e os planos de benefícios. O que se vê, atualmente, é a necessidade de se criar um processo de compensação e de reconhecimento dos resultados corporativos alcançados, mas diretamente alinhados aos objetivos estabelecidos na estratégia empresarial.

Aliás, essa coerência com os objetivos da organização tem de ser a tônica da elaboração de todas as políticas de compensação, pois os instrumentos e alternativas de sistemas disponíveis nessa área são muito variados, possibilitando a adoção do modelo mais aplicável às necessidades de cada organização. Entender os objetivos estabelecidos e conseguir projetar o sistema de compensação que melhor direcione e incentive a atuação dos colaboradores é o grande desafio de hoje. A administração de cargos e salários, juntamente com a sistemática de avaliação de desempenho e do planejamento de carreiras, forma o processo de reconhecimento e recompensas.

O filme "Wall Street" é emblemático ao mostrar que a tradicional administração de recursos humanos ainda prevalece na maioria das empresas do mundo ocidental. Seu enredo está focalizado em uma corretora de valores onde Bud Fox (Charlie Sheen), um dos executivos de contas, resolve se tornar um profissional bem-sucedido. A empresa adotava um planejamento de carreira hierarquizado em: Corretor de Ações (ou responsável por contatos com clientes, que é o cargo mais simples); Executivo de Contas; Gerente de Fundos, Supervisor, Sócio Sênior e Diretor (último cargo na escala da pirâmide organizacional). Esta ordenação de cargos se caracteriza por promover os colaboradores da casa por ocasião da abertura de vagas em níveis hierárquicos superiores e pode ser representada na forma que segue:

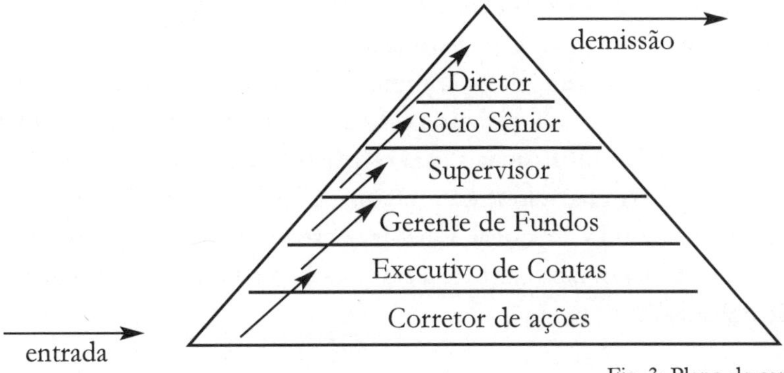

Fig. 3: Plano de carreira

Bud, como todo recém-admitido, assumiu o primeiro cargo na hierarquia, ou seja, a função de Executivo de Contas. Sua escalada, ao longo das diferentes carreiras estipuladas pelo Plano de Carreira da empresa, vai depender do processo de avaliação de desempenho, conduzida pelo seu superior hierárquico. Conforme dito anteriormente, essa avaliação prevê um formulário preenchido pelo seu chefe e, como todo procedimento de avaliação, apresenta um componente subjetivo, pois depende significativamente da vontade e do estado psicológico do avaliador.

Nessa empresa, a avaliação de desempenho é conduzida de forma desumana em que prevalece apenas o cumprimento, ou não, das metas (quotas de vendas) estipuladas para o período. No caso de não-cumprimento desses objetivos, o funcionário é desligado e substituído por outro candidato selecionado para ocupar esse mesmo cargo. Esse candidato é recrutado externamente à empresa, quando for o primeiro cargo da hierarquia, ou seja, o de Corretor de Ações e, nos demais casos, o candidato é interno (recrutamento interno), caracterizado na forma de promoção interna. Foi o que aconteceu com o Supervisor do setor em que Bud trabalhava.

Numa empresa com uma sadia política de recursos humanos, o resultado da avaliação de desempenho pode ser de três tipos. No primeiro caso, em que a avaliação é favorável, o funcionário pode ser promovido ou ter um adicional financeiro acrescido ao seu salário. Se desfavorável, ele pode ser designado para passar por um programa de treinamento para adquirir a capacitação necessária a fim de ocupar satisfatoriamente a função. E na terceira situação, o funcionário pode ser transferido para um outro cargo mais compatível com suas atuais habilidades e competências. Esse filme, de forma equivalente a "Do que as mulheres gostam", evidencia uma certa hierarquia dos cargos na forma de planejamento de carreira, conforme ilustrado adiante. Pode-se, também, identificar uma estrutura hierarquizada de cargos e funções na forma de um plano de carreira como segue. Nessa estrutura, não há perspectivas profissionais para os colaboradores da organização na medida em que não há valorização interna da "prata da casa" para fins de promoção e ascensão funcional. Ou seja, a cada vaga que surge nos diferentes escalões hierárquicos, ocorre a contratação de profissional no mercado de trabalho.

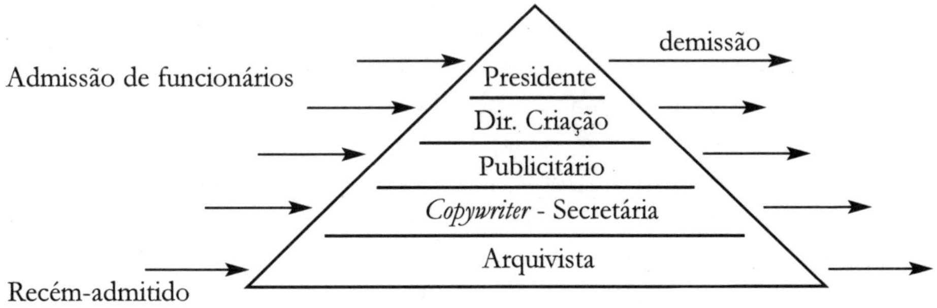

Fig. 4: Plano de carreia da Sloane & Curtis.

O que o enredo de "Do que as mulheres gostam" mostrou com clareza foi uma péssima decisão de recrutamento externo de uma nova diretora de criação, em vez de promover internamente (recrutamento interno) um dos publicitários que demonstraram maior competência. É o que mostra o plano de carreira hierarquizado do cargo mais simples (arquivista) ao mais complexo (diretor-presidente), ilustrado na Fig. 4. O filme evidencia, ainda, que os processos de recursos humanos são interligados, compreendendo recrutamento (interno e externo); seleção e admissão de pessoal; plano de carreira; avaliação de desempenho; cargos e salários; clima organizacional; qualidade de vida no trabalho; e tarefas afins.

Benefícios e salários indiretos

Os benefícios, atualmente, funcionam como complemento do salário nominal fixo percebido pelo funcionário. Os programas de benefícios, que a princípio representavam vantagens tão significativas que poderiam pesar na decisão por um emprego, deixaram de ser diferencial, pelo menos nas grandes empresas. Hoje, um pacote básico - com assistência médica, previdência privada e seguro de vida - é condição mínima.

O que passa a ser um diferencial das empresas na atração de novos funcionários é o que ela oferece em termos de perspectivas de carreira (Plano de Carreira), de desenvolvimento profissional (Treinamento) e de qualidade de vida no trabalho (Clima Organizacional e Responsabilidade Social).

Capítulo 7

CLIMA ORGANIZACIONAL E QUALIDADE DE VIDA

"A nossa empresa se importa com as pessoas, e sobreviveu à recessão, à guerra e a várias vicissitudes", discursa o presidente Andrews.

O filme "Com o dinheiro dos outros" conta a história da New England Wire & Telegraph (NEW&T), empresa do Estado de Rhode Island (EUA) liderada por Andrew Jorgenson (Gregory Peck), seu presidente. A firma vive uma certa crise econômica, apesar da momentânea subida das ações na Bolsa de Valores. Isso atrai a atenção do megainvestidor Lawrence Garfield (DeVito), cujo escritório de empreendimentos e investimentos em Wall Street, centro financeiro de Nova York, vive em busca de oportunidades de negócios (investimentos, aquisições, fusões, cisões, incorporações e venda de empresas). Enquanto a empresa de Garfield ocupa um moderno escritório horizontal aberto, a NEW&T é uma fábrica obsoleta de fios elétricos (os novos produtos à base de fibra ótica lhe fazem concorrência direta), com equipamentos ultrapassados.

A NEW&T detém o controle de outras empresas locais, produtoras de fios, adesivos e outros produtos equivalentes. Apesar de defasada tecnologicamente, a companhia não tem dívidas e não sofre ações e processos do Conselho de Fiscalização do Meio Ambiente, tão comuns a outras empresas desse setor. Garfield faz a proposta de compra da empresa para assumir seu controle acionário. Diante da recusa do presidente, decide comprar as ações no mercado, chegando a deter 12% do total acionário.

Os diretores da NEW&T resolvem se proteger contratando uma advogada, que recomenda transferir a empresa para outro estado (Delaware).

Estes, com um total de 30% das ações (inclusive empregados que têm participação acionária), ainda mantêm a companhia sob seu controle. A advogada procura Garfield e propõe um acordo para que ele não compre ações por um determinado período de carência, mantendo a situação acionária inalterada. Nesse período, a NEW&T procura adquirir ações para reverter a tendência de perda do controle, fazendo empréstimos bancários. Tal decisão é contrária à filosofia de seu presidente, que sempre adotou a estratégia de trabalhar apenas com recursos financeiros próprios.

A advogada entra com uma ação na Justiça (baseada em provas circunstanciais levantadas na Internet) contra a Garfield, que, por sua vez, se defende com uma equipe de 17 advogados. O juiz concede ganho de causa à NEW&T, o que provoca a interrupção nas transações com as ações em bolsa. A partir daí, ambos os lados tentam atingir seus respectivos objetivos (de compra ou de preservação do controle da empresa). Garfield investe US$ 13 milhões na NEW&T com o objetivo de a revender, posteriormente, por US$ 35 milhões. Sofre a resistência de Jorgenson, que não quer prejudicar seus empregados e a comunidade local, tampouco beneficiar um atravessador/especulador capitalista. A assembléia anual dos acionistas pode decidir sobre a transação de acordo com a proposta de Jorgenson, que confia em uma decisão favorável. Garfield concorda, pois pode conseguir fechar em meses um negócio que levaria anos.

Em seu longo discurso na assembléia-geral de acionistas, Jorgenson fala sobre o risco da mudança do controle acionário para um especulador da era pós-industrial que não constrói nada, "pois Garfield atua como um simples atravessador financeiro (...), investidor de negócios de hambúrgueres, com empresa estruturada apenas com advogados, sem construir nada, e que sacrifica os empregos, não valorizando os sócios. Segundo o *Wall Street Journal*, Garfield valoriza dinheiro e não as pessoas (...) Uma companhia vale mais que o preço de suas ações. A nossa empresa se importa com as pessoas e sobreviveu à recessão, à guerra e a várias vicissitudes".

Jorgenson continua seu discurso dizendo que o país vive um novo mundo dos negócios onde tudo está mudando, com o fim daquele universo de solidariedade em que um ajuda o outro: "Todos têm orgulho do que foi construído, mas hoje há o medo de isso não representar mais nada". Lawrence Garfield também faz seu discurso de impacto, enfatizando que "a

NEW&T já está morta e que fibras óticas e tecnologias inovadoras semelhantes provocam a obsolescência dos fios e cabos de cobre elétricos (...). Os chicotes fabricados pela NEW&T não têm mais mercado, mesmo que fossem os melhores produtos do mundo.

A velocidade com que surgem as tecnologias inovadoras trouxe consigo problemas graves a serem enfrentados em relação à produção, ao trabalho, à economia e à qualidade de vida das pessoas. A NEW&T não é mais produtiva porque se preocupa com os empregados apenas paternalisticamente, não os considerando como talentos que podem produzir mais com menores custos (...). As ações valem hoje menos do que valiam há dez anos (...) e o objetivo dos acionistas da empresa é ganhar dinheiro! Não importa o que o empreendimento faça e produza (...). E mesmo que eu, Garfield, seja chamado de o liquidador de empresas, pelo menos comigo o acionista terá dinheiro no bolso". Com esse discurso Garfield sensibiliza os acionistas a votarem nele e acaba assumindo o controle acionário.

As organizações, conforme se pode depreender do enredo dos filmes que ilustram esta questão, entenderam que uma eficiente gestão de seu espaço empresarial traz excelentes resultados para seus negócios. Passaram, então, a se preocupar em criar um ambiente de trabalho em que as pessoas se sentissem respeitadas em sua individualidade, pudessem participar da sua vida organizacional, fossem estimuladas a atuar em equipe e manifestassem e aplicassem suas competências e contribuíssem de forma efetiva para maior produtividade e sua sobrevivência.

Outro aspecto relacionado à criação de um ambiente propício ao trabalho é a preservação do clima organizacional como propriedade do ambiente institucional que: a) é percebida ou experimentada pelos membros da organização; e b) influencia o comportamento das pessoas.

Clima organizacional refere-se ao ambiente interno, no qual convivem as pessoas que trabalham na organização, e está intimamente relacionado com o grau de motivação e satisfação de seus participantes. Filmes que melhor tratam esta questão, como "O amor é contagioso", podem ser encontrados nos vídeos sobre esportes (vide Apêndice: Resenha dos filmes ilustrativos). Outros revelam a antítese de um bom ambiente para se trabalhar: "A firma", "A história de uma fraude: o caso Enron", "O sucesso a qualquer preço".

Clima organizacional no contexto empresarial, conforme dramatizado em "A firma", é influenciado pelo conjunto de valores e atitudes que afetam a maneira pela qual as pessoas se relacionam. Relaciona-se, também, às crenças, compartilhadas pelos membros da organização, que determinam o que é "bom" ou "ruim" para si próprio e para a corporação como um todo e sobre até que ponto suas expectativas estão sendo atendidas. Assim, o clima organizacional é favorável quando proporciona satisfação das necessidades pessoais dos participantes e elevação do moral, sendo desfavorável quando proporciona a frustração daquelas necessidades. O clima organizacional, no contexto das organizações, influencia o estado motivacional das pessoas que, por sua vez, são influenciadas por ele.

É importante que se considere que, em geral, as pessoas agem em resposta à sua interpretação pessoal dos fatos organizacionais, ou seja, de acordo com a imagem mental que formulam sobre os problemas e desafios do seu dia-a-dia. O mais importante na determinação do clima não é com a natureza dos fatos, e sim sua interpretação pelas pessoas envolvidas.

Algumas empresas, como HP, Ford e Americel, adotam políticas de benefícios flexíveis, como prática de gestão de pessoas para melhoria do clima organizacional, em que seus empregados, que são seus principais beneficiados, têm autonomia sobre o que desejam receber. Como parte de tais benefícios, essas corporações proporcionam viagens de férias para seus executivos, além dos tradicionais vale-alimentação, seguro de vida, assistência médica, entre outros. Além de funcionar como estratégias, estes podem se constituir num eficaz processo de recrutamento, seleção e retenção dos melhores profissionais do mercado.

Outras empresas utilizam cybercafés como área de descompressão e estratégia de inclusão digital e melhoria da produtividade, tais como: Basf; Unimed; Boehringer Ingelheim; G.M.; Vivo; Terra; Embraco; Unilever; Nestlé; Credicard e Telefônica. É uma solução que otimiza o comportamento digital dos funcionários, ao mesmo tempo em que minimiza os males advindos do uso da Internet no ambiente de trabalho e, com isso, atentando contra a segurança eletrônica do patrimônio digital da empresa.

Esse ambiente isolado da área de trabalho, em que há disponibilização da Web para uso dos funcionários em suas horas de lazer, acaba se transformando em eficiente estratégia de gestão com pessoas, evitando o uso indevido de máquinas e ferramentas de trabalho e do ambiente da empresa. Mais do que uma opção de lazer, é uma ferramenta de inclusão digital para aqueles que não têm microcomputadores em suas residências. Os funcionários, nesses cybercafés, navegam na Internet e podem acessar, da empresa, informações de seu interesse, como banco de horas, férias, menu de refeições do restaurante, assistência médica, convênios e outros benefícios sociais. Katz e Kahn afirmam que o clima organizacional deriva dos seguintes fatores:

a) normas e valores do sistema formal;
b) sua reinterpretação pelo sistema informal;
c) história das disputas internas e externas da organização;
d) características de personalidade - perfil das pessoas atraídas e selecionadas;
e) processos de trabalho;
d) comunicação interna; e
e) os fatos e sua percepção.

Através do sistema, podem ser desenvolvidas pesquisas com o público interno da organização, com o intuito de avaliar o perfil socioeconômico dos funcionários, motivação, satisfação e integração com a organização subsidiando, também, a análise das diferentes subculturas normalmente presentes na maioria das organizações.

De fato, a utilização dos resultados da pesquisa de clima organizacional pode refletir na motivação do quadro de pessoal. Tal motivação é fundamental, pois é necessário que os recursos humanos atuantes na organização sintam-se apoiados e seguros. Daí a pertinência da orientação de Deming (1990) sobre a extirpação do medo, para o surgimento de novas idéias. É preciso que haja espaços para o desenvolvimento das habilidades das pessoas e a prática da liberdade, da criação, da experimentação de novos métodos e da produção de conhecimentos.

Pesquisas internas são úteis, portanto, na medida em que elas contribuem para a aferição de providências necessárias à melhoria do clima organizacional, que é básico para a instituição obter um adequado nível de competitividade e qualidade total. Nesse sentido, e fundamentado nos critérios do Prêmio Nacional da Qualidade (2006), sugere-se que o planejamento da pesquisa abranja questões inerentes ao clima organizacional que, direta ou indiretamente, possam relacionar-se a determinados fatores adequados ao autodiagnóstico da organização, em termos de:

a) - liderança: liderança da alta direção; valores da instituição quanto à qualidade; gestão para a qualidade; responsabilidade comunitária;
b) - informação e análise: abrangência e gestão dos dados e das informações sobre qualidade; comparações com a concorrência e referenciais de excelência; análise de dados;
c) - planejamento estratégico para a qualidade: metas e planos para a qualidade;
d) - gestão das pessoas: envolvimento dos funcionários; educação e treinamento em qualidade; reconhecimento e medição do desempenho dos empregados; bem-estar e moral do pessoal;
e) - garantia da qualidade de produtos e serviços: projeto e introdução no mercado de produtos e serviços; controle da qualidade de processos; melhoria contínua de processos; avaliação da qualidade; documentação; qualidade do processo do negócio e dos serviços de apoio; qualidade dos fornecedores;
f) - resultados obtidos quanto à qualidade: de produtos e serviços; no processo do negócio, operações e serviços de apoio; de fornecedores;
g) - satisfação do cliente: determinação dos requisitos e das expectativas do cliente; gestão do relacionamento com os clientes; padrões de serviços aos clientes; compromisso com os clientes; solução de reclamações objetivando a melhoria da qualidade; determinação da satisfação do cliente; resultados relativos à satisfação dos clientes; comparação da satisfação dos clientes.

A instrumentalização desses tipos de pesquisas observa uma abordagem qualitativa implementada através de entrevistas em profundidade com o pessoal dos diferentes níveis hierárquicos da pirâmide organizacional, conforme amostra significativa definida para a instituição. Complementarmente, podem ser aplicados questionários autopreenchíveis, por meio de técnica de levantamento quantitativo, de forma a abranger uma ampla amostra da população da organização sob estudo.

Enquanto a cultura organizacional mantém-se durante toda a existência de uma empresa ou, pelo menos, durante parte dela, balizando procedimentos e sinalizando os caminhos a serem seguidos em determinadas etapas, o clima organizacional modifica-se conjunturalmente. Os "momentos" por que passam as organizações, em face das dificuldades do mercado, as situações econômico-financeiras diante das muitas crises que o país atravessa, a implantação de modernas tecnologias que dispensam pessoas, a contenção nas políticas de salários e benefícios e o aumento de exigências aos empregados são alguns dos fatores que podem alterar o clima de uma organização, comprometendo seus resultados.

O clima organizacional, portanto, pode ser entendido como o grau de satisfação demonstrado pelos membros de uma organização, "na qual a motivação é fator fundamental para a realização dos trabalhos". A maioria das organizações preocupa-se em aferir periodicamente seu "clima", pois essas sabem que, dependendo de como se apresenta, o trabalho pode ser prejudicado, as relações interpessoais podem ficar comprometidas e os seus resultados ficarem aquém das expectativas. Daí porque assumem com recursos próprios ou contratando terceiros para a realização de pesquisas de clima organizacional, em que sua ambiência interna é analisada detalhadamente e nas quais são assinalados os problemas que devem merecer tratamento específico.

Essa pesquisa pode abordar: entendimento da missão; crenças e valores; chefia e liderança; relações interpessoais; salários e benefícios; outros assuntos pontuais. A avaliação, e conseqüente adequação integrada dos elementos acima, proporcionará à organização uma otimização de suas ações na consecução de seus objetivos. Dentro desta perspectiva, a pesquisa de avaliação de atitudes, necessidades e satisfação deve ser vista como um importante instrumento estratégico para o planejamento eficaz das organizações.

Apenas algumas empresas sistematizaram esse tipo de informação, e os principais problemas para sua real aplicação são ou o desconhecimento de padrões e metodologia, ou a aplicação de abordagens não totalmente adequadas à formação cultural dos empregados. Segundo Katz e Kahn, "a abordagem para lidar com os problemas organizacionais tem sido supersimplificada e excessivamente global. As pessoas supõem que a organização é como um único indivíduo, ou que há um problema único de motivação para a organização inteira com uma única resposta, ou que as estruturas organizacionais e seus processos podem ser ignorados em suas lidas com a psicologia do indivíduo".

A pesquisa de clima busca fornecer informações sobre a atitude do público interno com relação à organização, bem como suas expectativas e integração em um determinado contexto. Entenda-se atitude dentro de sua conotação técnica, envolvendo os aspectos cognitivos, afetivos e comportamentais do indivíduo. Quanto à estrutura e gestão da organização, sua adequação deve estar compatível com a missão, os objetivos, a cultura organizacional e seus recursos humanos. O estudo do clima organizacional, portanto, é também instrumento de avaliação do modelo implantado de gestão e organização e da política de desenvolvimento organizacional, de pessoal e de envolvimento interno, além de proporcionar subsídios para a área de marketing da empresa. De modo operacional, os objetivos de uma pesquisa de clima organizacional são:

- estudar a cultura organizacional da empresa;
- avaliar a imagem que os diferentes segmentos de empregados fazem da mesma, de sua missão e dos seus objetivos;
- medir o grau de satisfação dos empregados com relação aos diferentes aspectos da organização;
- analisar os padrões de motivação e satisfação, além das necessidades e expectativas dos empregados;
- verificar se existe integração entre os objetivos dos empregados e os da organização;
- verificar se existe correlação entre a satisfação da organização com a oferta do composto de benefícios e serviços;
- verificar o nível de integração entre suas áreas/departamentos;
- estudar o relacionamento entre empregados e as relações funcionais existentes;
- analisar padrões de produtividade;
- medir o grau de envolvimento dos diferentes níveis de empregados com suas tarefas, responsabilidades, clientes e agentes internos e externos;
- avaliação de outros indicadores a serem discutidos.

Atividades relacionadas ao clima organizacional podem ser agrupadas em três fases. A primeira consiste em uma pesquisa de avaliação dos elementos relativos ao público interno da organização, em seus diversos aspectos, de modo exploratório e qualitativo, com a utilização de roteiros preestabelecidos para entrevistas em profundidade e reuniões de grupo. A segunda visa a mensurar e analisar de modo integrado e multivariado os elementos levantados na fase exploratória anterior, através de uma pesquisa quantitativa, com a utilização de instrumentos específicos que permitem a pronta-resposta aos quesitos formulados. E na terceira utilizam-se os dados levantados nas fases anteriores para um apoio ao diagnóstico geral de problemas estruturais, motivacionais e de recursos humanos, avaliando todos os aspectos relativos ao público interno e auxiliando no planejamento de futuras ações e tarefas que visem a otimizar os esforços da organização em sua administração.

Os resultados devem ser analisados por profissionais da área das ciências humanas, que sinalizarão os pontos fortes e fracos do clima organizacional e desenvolverão soluções para cada problema identificado. O interesse pela cultura organizacional teve origem nos fins dos anos 70 e se desenvolveu na década de 80 com a obra de Hofstede (1980), *Culture Consequences: International Differences on Work-related Values*. Na origem desse interesse está a idéia de que os elementos culturais constituem um fator de diferenciação das organizações bem-sucedidas das menos sucedidas, sendo a cultura organizacional um fator explicativo do sucesso econômico. Terence Deal e Alan Kennedy (1982), em *Corporate Culture: The Rites and the Rituals of Corporate Life*, descrevem cinco importantes elementos do conceito de cultura: ambiente dos negócios, valores, heróis, rituais e a rede cultural.

O ambiente é constituído pelos competidores, clientes, tecnologia e outros fatores desse tipo. Os valores são a crença dos negócios e de como conduzi-los por parte dos membros de uma determinada organização. Heróis são aqueles que, na organização, personificam a cultura e os valores e constituem exemplo para os outros. Os rituais mostram às pessoas o tipo de comportamento que delas é esperado. Finalmente, a rede cultural significa os modos como se transmite a cultura aos seus membros. Diz-se que uma cultura é forte quando os membros de uma dada organização se sentem satisfeitos relativamente à forma como atuam e se comportam. Organizações com culturas fortes são naturalmente eficientes; as outras perdem-se em conflitos, na desmotivação e anemia.

Como aspecto importante no desenvolvimento e trabalho em equipe, o diagnóstico da cultura organizacional é reinante no contexto empresarial. A cultura, como fator de influência no desempenho empresarial, pode ser diagnosticada de fora da organização através da análise dos seus aspectos físicos (construção, materiais usados, cores etc.); leitura do que escreve (relatórios, notícias na imprensa, jornais da empresa etc.); forma de acolhimento às pessoas de ambientes exteriores (convidados, visitantes etc.); forma como os empregados se sentem relativamente à organização, o que pode ser conseguido através de entrevistas; forma de passar o tempo adotadas por seus membros.

De dentro da organização, a cultura pode ser diagnosticada através de: processo de progressão na carreira; tempo de permanência na empresa; do que fazem e escrevem seus membros; que tipo de mitos e anedotas são transmitidos através dos processos de comunicação.

O filme "O náufrago", que conta a história de Chuck Noland (Tom Hanks), uma espécie de supervisor de entregas da FedEx (Federal Express), ilustra a importância da qualidade de vida no trabalho. Noland é extremamente preocupado com o tempo das entregas, age como um escravo do relógio. Essa personalidade obsessiva pelo trabalho pleno de eficiência faz com que ele se torne excessivamente autoritário para com os demais entregadores da FedEx. Ele é o tipo de pessoa com postura superior, em busca da eliminação do tempo ocioso, que não se preocupa com as condições de serviço de seus colaboradores. Preocupa-se apenas com o prazo que uma entrega leva para ser realizada, deve ser feita em menor espaço de tempo possível, não importando como. Tanto que, certa vez, teve de fazer uma entrega e o caminhão em que estava apresentou problemas mecânicos, induzindo-o a roubar a bicicleta de um deficiente para realizar a entrega. Noland grita muito com seus colaboradores para tentar fixar a idéia da agilidade nas entregas, independentemente da existência de qualquer obstáculo. Utiliza um vocabulário vulgar para expressar seus pensamentos, em plena rotina de trabalho. Enfim, seu objetivo principal é ser implacável com os demais colaboradores da empresa, através da superação do tempo. Preocupado mais com o trabalho que com sua família, no Natal, preferiu viajar para realizar uma entrega.

O protagonista encarna o estereótipo capitalista que coloca a produtividade como prioridade absoluta em sua escala de valores, quando comparado a qualquer outro aspecto de sua vida pessoal. Como não passariam o Natal juntos, a esposa de Noland o presenteou com um relógio de bolso com duas partes: uma era relógio e a outra, uma foto dela. A viagem foi fatal. O avião teve problemas e caiu. Todos os tripulantes morreram, exceto Noland. Ele foi muito rápido. Ao perceber que haveria possibilidade de o avião cair em alto-mar, agarrou-se a um bote salva-vidas. Distanciou-se rapidamente do local do acidente, e assim que acordou, estava numa ilha. Com ele, restaram apenas o bote, o relógio, um aparelho bip e as roupas do corpo. As encomendas que estavam no avião foram trazidas à ilha pelo mar, e ele as recolheu e guardou, demonstrando com isso seu comprometimento com o trabalho. Sozinho, teve de mudar os costumeiros hábitos da cidade grande para sobreviver. Poucos dias depois, encontrou o corpo de um dos pilotos envolvidos no acidente. Aproveitou seus sapatos e uma lanterna e o enterrou.

Há algum tempo na ilha, Noland começa a se desesperar e abre as encomendas. No meio dos despachos, encontra uma bola de vôlei, que se torna "amiga" (chamava-a de Wilson); um par de patins, que serviu de faca; fitas de vídeo; e um vestido, que utilizou como rede para pescar. Persistência e criatividade eram a marca maior de Noland na ilha. Quatro anos se passaram, e com muitos quilos mais magro, decide se arriscar em alto-mar. Constrói uma jangada e parte Pacífico Sul adentro. Depois de tempestades e desafios superados, é encontrado por um navio. Ao retornar, é homenageado pela FedEx, pelos desafios que passou. Sua esposa havia se casado de novo e tinha uma filha. Apesar do choque, ele aceitou; afinal, ela pensava ser viúva. Noland continuou a trabalhar na FedEx, mas teria de reconstruir e recomeçar sua vida.

O filme ressalta também a importância do clima organizacional, da ética e responsabilidade social corporativa e do quanto é essencial as organizações estimularem seus colaboradores a equilibrar sua vida pessoal e profissional. Para atingir sua plena capacidade de trabalho, o ser humano precisa estar centrado e harmonizado, utilizando plenamente todas as suas faculdades e todo o seu potencial. Nos tempos atuais, talvez esse seja o maior desafio para as pessoas, e cada uma delas deve encontrar seu caminho, pois as possibilidades são infinitas; cabe ao indivíduo a responsabilidade por suas escolhas. Às organizações, no entanto, compete estruturar e gerenciar programas e ações que levem seus colaboradores a se conscientizarem dessa necessidade.

"O sucesso a qualquer preço" dramatiza a questão do clima organizacional através da história de um grupo de vendedores imobiliários (Al Pacino, Jack Lemmon, Ed Harris, entre outros), que luta para salvar seu emprego e algum resquício de dignidade numa organização que se esforça para humilhá-los. Os donos da empresa nunca aparecem no escritório conservador e taciturno, onde se passa a maior parte da ação do filme. Apenas enviam para representá-los um "almofadinha" (Alec Baldwin), que censura os funcionários, já desmoralizados, num discurso arrasador. "Você está vendo este relógio?", pergunta a um dos corretores. "Este relógio custou mais do que seu carro. Ganhei 970.000 dólares no ano passado. É isso que eu sou. E você? Você não é nada".

Não satisfeito em demolir o moral e a lealdade organizacional, o porta-voz segue em frente incumbindo o gerente de vendas (Kevin Spacey) de coordenar os vendedores. É um gerente designado de cima para baixo e sem o reconhecimento por parte dos funcionários da empresa. Ou seja, nunca foi vendedor e é inexperiente para exercer uma gerência de vendas, função que exige a coordenação de um grupo de funcionários antigos e experientes. Ele joga por terra o trabalho de equipe e o espírito de coleguismo ao anunciar um concurso de vendas. O primeiro prêmio é um carro último tipo. O segundo, um conjunto de facas para churrasco. O terceiro, a demissão. Os vendedores mergulham numa espiral descendente de desespero, mentiras e crime.

A história projeta uma visão amarga, cínica e, em última instância, trágica das empresas americanas. Serve de alerta às empresas que tratam seus colaboradores com afagos extras quando produzem bem e com pancadas quando não o fazem. Se o executivo não consegue administrar pessoas sem ameaçá-las, não sabe motivar sem intimidar, vai acabar perdendo em todas as frentes. Os gestores, enfim, interessados em trabalhar com colaboradores motivados e engajados com os objetivos da empresa, devem analisar criteriosamente os atos dos diretores e gerentes retratados na película e fazer exatamente o contrário.

Em resumo, o conceito de cultura, nitidamente visível nos filmes "A firma" e "A história de uma fraude: o caso Enron", veio pôr definitivamente em causa a racionalidade organizacional.

Capítulo 8

A TECNOLOGIA TEM A RESPOSTA

"...a empresa está morta pelas fibras óticas e outras tecnologias inovadoras que provocaram a obsolescência dos fios e cabos de cobre elétricos", decreta o megainvestidor Garfield em "Com o dinheiro dos outros".

Esse discurso de impacto, de Lawrence Garfield, dirigindo-se aos acionistas, enfatiza que a New England Wire & Telegraph não tem mais mercado, mesmo que fossem os melhores produtos do mundo. Essas tecnologias inovadoras que proporcionam a impressão errônea de que tais inovações irrompem subitamente como fenômeno novo na história empresarial, na verdade deriva da velocidade com que a microeletrônica, mecatrônica e telemática, por exemplo, se desenvolveram nos últimos tempos. Uma velocidade que gerou profundas perspectivas, mas que, também, trouxe problemas graves a serem enfrentados em relação à produção, ao trabalho, à economia e à qualidade de vida das pessoas.

A empresa de antigamente simplesmente não funciona mais. A transformação organizacional, possibilitada pela informação, é necessária para se obter êxito empresarial num novo ambiente. A nova empresa é dinâmica e pode responder rapidamente às mudanças ocorridas no mercado; dispõe de uma estrutura diferente, mais enxuta, baseada em equipes e dispensa a hierarquia burocrática. Está fundamentada em compromisso em vez de controle, e seus processos sistêmicos são simplificados em favor da produtividade e da qualidade. Esta nova empresa é aberta e atua em rede com significativo impacto da convergência tecnológica. O filme "Ameaça virtual", por exemplo, pode ilustrar este novo contexto empresarial relacionado à influência das tecnologias.

Gary Winston (Tim Robbins) acumula as funções de *chief executive officer* (CEO) e *chief information officer* (CIO) da Nurv, empresa de desenvolvimento de *software* no Vale do Silício, Califórnia, EUA. A Nurv monopoliza o mercado de *software*, particularmente o de sistemas operacionais de microcomputadores comercializados ao redor do mundo. É uma imagem da Microsoft, cujo sistema operacional Windows rivaliza com o sistema aberto Linux, que tem seu desenvolvedor também representado na história. Preocupada com sua imagem de responsabilidade social corporativa, já que atua num mercado francamente monopolístico e oligopolístico, a empresa procura canalizar parte de seu faturamento multimilionário para projetos culturais, musicais e artísticos. Desenvolve, em caráter prioritário, um novo sistema operacional, o Sinapse e, para tanto, necessita dos melhores programadores e analistas do mercado mundial. Por meio de seu sistema de gerenciamento de banco de dados de talentos, seleciona 20 profissionais e convida Milo Hoffman (Ryan Philippe) e Teddy Chin (Yee Jee Tso), capazes de fazer decolar e cumprir seu cronograma de desenvolvimento do Sinapse. A contratação de Milo é feita ao vivo, em plena sessão de videoconferência internacional, enquanto Teddy resolve seguir outros caminhos. O Sinapse demonstra, na prática, ser um *software* que enfrenta problemas quase intransponíveis de compatibilidade com a infra-estrutura de *hardware* disponível no mercado, mas resolve a complicadíssima questão da convergência tecnológica de todas as mídias e utiliza um sistema de comunicação baseado em 240 satélites. Gary é constantemente acusado de clonar e se apossar de programas desenvolvidos pelos seus concorrentes diretos, quando não os consegue comprar por vias legais.

No primeiro dia de Nurv, Milo é apresentado aos demais colegas de trabalho e passa por rigoroso treinamento de integração de funcionários recém-admitidos. Na sede da empresa, com 21 edifícios e escritórios panorâmicos, recebe seu *kit* de treinamento e sua estação de trabalho e aguarda seu tutor-conselheiro (cada funcionário recém-admitido tem seu tutor). Para surpresa geral, este é o próprio Gary Winston (que nunca havia sido conselheiro de ninguém), o que demonstra a importância atribuída ao novo funcionário. Gary ministra a palestra de integração com grande eloqüência e entusiasmo, transmitindo os valores e crenças da Nurv, o que motiva todos os recém-admitidos a "vestir a camisa" da empresa.

No discurso, que lembra o estilo de Steve Jobs à frente da Apple, diz que não há limites para a realização pessoal e profissional dos funcionários e que qualquer garoto poderia tirá-lo do negócio. Pede a todos criatividade e genialidade em suas novas funções. Milo tem a função de desenvolver a interface do sistema Sinapse e encontra muitas dificuldades técnicas a superar. No entanto, Gary o municia, sempre, de soluções nos momentos mais críticos.

Dessa maneira, Milo recebe "sugestões tecnológicas" provenientes de programas "prontos", passadas por Gary para agilizar as etapas mais críticas de desenvolvimento, e consegue cumprir seus prazos, mas percebe que sua vida, como a de todos na Nurv, é permanentemente monitorada. Sua vida privada não existe mais e a profissional se resume a mero instrumento para que a Nurv atinja seu propósito de monopolizar o mercado. Isso torna evidente a influência das tecnologias da informação sobre a motivação e o desempenho das pessoas na organização.

Pode-se enquadrar como estratégico o desenvolvimento do sistema operacional Sinapse, e como operacional a preservação do clima organizacional, o que não é observado na organização retratada no filme (os funcionários da empresa são relegados a segundo plano e considerados como mero número de prontuário). Embora operacionais, tais decisões afetam diretamente o nível das decisões estratégicas e, conseqüentemente, a obtenção dos resultados corporativos almejados.

A era da informação está entrando numa nova fase. O novo paradigma das tecnologias da informação ocorre de forma paralela às outras mudanças. Do mesmo modo que a nova organização, o sistema de informação neste novo contexto é aberto e operado em rede. Ele é modular e dinâmico, baseando-se em componentes intercambiáveis. Induz a empresa ao *empowerment*, distribuindo informação e poder decisório aos usuários. Este novo contexto determina que as organizações dêem mais ênfase ao gerenciamento do conhecimento, e não apenas à administração de recursos tecnológicos. Exige ainda das empresas a correta compreensão e interpretação das novas gerações que estão chegando - a geração Internet ou da era digital, detentora de uma nova cultura, escala de valores e perfil psicológico.

O filme "Piratas da informática", sobre Bill Gates e Steve Jobs, expõe a revolução causada pela era da computação pessoal. Pessoas congestionam o site da TNT com *e-mails* cheios de questões sobre essa produção, dirigidas a Steve Wozniak, co-fundador da Apple; fóruns de debate se espalham pela rede, com discussões acaloradas entre pecezistas (usuários dos micros PCs) e macmaníacos; a audiência se divide, como torcedores de futebol num estádio. A verdade é que ninguém que usa um computador, seja no trabalho, seja em casa, consegue ficar indiferente à história de dois jovens visionários, cada um genial e oportunista à sua maneira, que juntos iniciaram a transformação do mundo em que vivemos e, principalmente, a sucessão de eventos que mudou a relação que temos com esse mesmo mundo.

Adotando uma narrativa que não se decide entre a ficção e o documentário, "Piratas da informática" começa no momento em que Steve Jobs retorna à Apple, em 1997. Bem caracterizado e mostrando uma semelhança física impressionante com seu personagem, o recém-revelado ator Noah Wyle, de Plantão Médico, repete o discurso que Jobs proferiu durante a Macworld Expo daquele ano: "Nossos anos de disputa acabaram. Agora vamos trabalhar juntos." Atrás dele, num enorme telão *hi-tech*, surge uma imagem de Bill Gates (personificado por Anthony Michael Hall, conhecido por participar de todas as comédias adolescentes dos anos 80), que sorri. O público vaia, pessoas se revoltam. Burke nos leva de volta no tempo até 1984, durante a filmagem do comercial de TV que lançou o Macintosh - que, por sinal, era baseado em outra obra de Orwell, "1984", e dirigido por Ridley Scott, um cineasta muito superior -, fazendo uma relação um tanto quanto simplória entre o "Grande Irmão" de Orwell e o megamilionário Gates.

É nesse ponto que Steve Wozniak entra na trama. Falando com a câmera, ele faz o primeiro dos vários depoimentos que vão conduzir a narrativa, dando ar de credibilidade ao filme.

Os depoimentos de Wozniak, vivido pelo ator Joey Slotnick, são uma das âncoras emocionais do filme, à medida que revelam as relações mais íntimas de Jobs com as pessoas à sua volta. Mas, ao mesmo tempo em que esse recurso gera interesse, faz com que o filme sofra com os diversos pulos cronológicos e uma certa confusão entre as histórias relatadas. Assuntos pessoais se misturam aos fatos e são arrastados ao extremo e, ao final, a impressão que temos é que Jobs é apenas uma *prima-donna* temperamental e exageradamente egoísta, enquanto Bill Gates é assexuado, cheio de complexos e razoavelmente canalha.

Bem pesquisado, o filme mostra detalhes interessantes que só macmaníacos mais antigos poderão curtir, como a belíssima motocicleta BMW estacionada no saguão da Apple para inspirar os funcionários - Jobs se referia a ela como arte sobre rodas: "Deve-se apreciá-la, não pilotá-la" –, o enorme Picasso pendurado na parede do escritório de Jobs e a bandeira de pirata tremulando no prédio da equipe que bolou o Macintosh. Para que os pecezistas não fiquem com inveja, uma das melhores seqüências do filme nasce de um dos vários pseudotestemunhos de Steve Ballmer, atual presidente da Microsoft, sobre como Gates convenceu a IBM a deixá-los ter controle total sobre o sistema operacional dos PCs. "É o *hardware* que vende, não o *software*", diz a um executivo da IBM.

Seus personagens são extremamente atuais. E a evolução de tais decisões ainda está causando impactos nos dias de hoje, com mudanças e inovações tecnológicas que estão longe de terminar. Outra das lições positivas que se perpetuaram foi a estratégia salarial de pagamento dos colaboradores das organizações Microsoft na forma de ações e participação acionária no seu capital, transformando-os em sócios da empresa.

As empresas, na busca de maior produtividade em suas operações, têm à disposição os recursos da rede mundial Internet. Através de pesquisas *online* (*Gazeta Mercantil*, 2006), várias delas conseguem substituir fornecedores e comprar matérias-primas com até 20% de redução de custos. Às vezes, a troca é feita por novos parceiros localizados no exterior e, mesmo com o custo da importação, a mudança torna-se viável.

"A rede" exemplifica esta questão, algo ainda tratado como futurologia em certos meios empresariais tradicionais. O filme comprova a influência das inovadoras tecnologias da informação que colocam em risco as liberdades individuais, possibilitando interceptar telefonemas e fazer rastreamento de *e-mails* e pessoas entre outras coisas. Satélites, câmeras, *chips* e outras parafernálias eletrônicas se tornam instrumentos de controle da vida das pessoas. Mostra, também, que o ser humano perde cada vez mais privacidade com a convergência das novas tecnologias da informação e de comunicações. Aborda os aspectos tecnológicos e humanos que interferem e influenciam o comportamento social de seus usuários. A privacidade é facilmente violentada, destruída, pois os atos, as estratégias são investigados e utilizados sem a devida permissão e algumas vezes com objetivos escusos. A Internet representa essa intromissão seja para fatos, acontecimentos reais, seja para divulgar, difamar ou corromper e destruir empresas ou pessoas. "A rede" evidencia que as organizações devem adotar algum tipo de política de proteção das informações pessoais de clientes e funcionários, alinhada com suas estratégias de negócios.

O filme "O último samurai" denota o impacto da tecnologia sobre o ambiente. É a história de um oficial (Tom Cruise) traumatizado pela experiência na guerra civil americana, que se vê isolado entre um inimigo supostamente bárbaro e se deixa absorver por ele a ponto de voltar-se contra suas próprias fileiras. O capitão Nathan Algren (Cruise), sobrevivente da sangrenta batalha de Little Big Horn, afoga a culpa por ter massacrado os índios em doses amplas de dissolução, cinismo e uísque. Oficial capaz e talentoso, Algren é contratado, junto com outros americanos, para treinar o primeiro exército regular do Japão no uso de armas táticas convencionais.

O Japão encontra-se no período do imperador Meiji, que modernizou o país com ferrovias e indústrias, promulgando uma Constituição e desmantelando o sistema feudal que vigorara até então. Muitos dos samurais, a elite feudal, se juntaram ao regime Meiji, enquanto outros se organizaram num sem-número de rebeliões. Sufocar a revolta liderada pelo samurai Katsumoto é justamente a primeira missão do regimento comandado por Algren. O resultado em batalha é desastroso, e Algren é feito prisioneiro por Katsumoto, que vê nele uma ferocidade e um abandono intrigantes. Essa batalha vencida pelos samurais contra um exército mais numeroso e mais bem equipado evidencia a importância do fator tempo no contexto das estratégias de guerra (que geraram as estratégias empresariais dos dias de hoje). O valor do tempo (por exemplo, estar adiante do adversário), para Sun Tzu, vale mais que a superioridade numérica ou os cálculos mais perfeitos com relação à logística envolvida.

Confinado numa aldeia nas montanhas durante o inverno, o americano passa por uma desintoxicação literal, no caso do álcool, e também no lado espiritual. Os princípios do *bushido*, o código samurai (coragem, honestidade, cortesia, honra, compaixão, lealdade e sinceridade) e a atenção das pessoas da aldeia são a cura para seus males de alma. À medida que adere a eles e aprende a manejar a espada samurai, Algren deixa de ser um pária aos olhos dos guerreiros e aos seus próprios. Em retribuição a esse reencontro com a sua honradez, o soldado toma o partido dos revoltosos numa batalha contra o exército do imperador.

O filme enfatiza, em especial na grande batalha final, em que a morte dos cavalos reproduz as cenas finais de "Kagemusha", de Akira Kurosawa, e ganha um sentido semelhante, um lamento por uma era que se foi e pela guerra como a morte do belo e a negação da vida. Quando projeta as imagens de uma metralhadora ceifando um batalhão de samurais, a película cria condições para interpretar uma realidade de nossos tempos: a tecnologia supera a massa de indivíduos mal equipados. Oculta uma mensagem surpreendente para os dias atuais.

No enredo, os americanos são pouco mais do que mercenários, que se aproveitam da onda de ocidentalização do Japão a partir de 1868, para inundar o país de armamentos e consultores militares. A analogia com a ação dos EUA no Iraque nos anos 80 e em 2004 é surpreendente.

O simples uso dos recursos do correio eletrônico em micro e pequenas empresas, com número menor de pessoas e, portanto, com poucos microcomputadores já é um grande avanço tecnológico. As redes de computação (com evolução e barateamento do *hardware* e *software*) possibilitaram a tecnologia do correio eletrônico acessível até mesmo para as micro e pequenas empresas. De fato, basta ter um *software* do tipo Outlook Express (Microsoft) ou Netscape para a organização poder:

- fazer com que a comunicação flua pela empresa através de *e-mail*, de forma que decisões ocorram com a agilidade requerida pelos novos tempos;

- usar ferramentas digitais para criar equipes virtuais que possam compartilhar tarefas e aproveitar conhecimentos e idéias, em tempo real, em nível mundial. Usar sistemas informatizados para a criação de acervo histórico da empresa para uso compartilhado de todos;

- converter os tradicionais processos convencionais em papel para processos digitais, eliminando entraves administrativos e liberando as pessoas para tarefas mais importantes;

- entender de tecnologias da informação tanto quanto entende de outras funções da empresa e, para tanto, considerá-la como um recurso estratégico para alavancar melhores resultados econômico-financeiros;

- utilizar ferramentas digitais para eliminar funções isoladas, ou transformá-las em atividades de valor agregado;

- estabelecer circuitos ágeis de controle digital para melhorar a eficácia dos processos físicos, bem como da qualidade dos produtos e serviços em que cada pessoa torna-se capaz de monitorar facilmente todos os principais parâmetros da empresa;

- interagir com sistemas de informação para encaminhar reclamações dos clientes, bem como dados estratégicos do mercado, às pessoas responsáveis pelo aprimoramento dos produtos e serviços;

- criar comunicações digitais para redefinir a natureza e as fronteiras de seu negócio, interna e externamente à empresa, avaliando se seus clientes querem uma organização maior, ou menor e mais personalizada;

- trocar informações por tempo, diminuindo os ciclos operacionais, através da utilização de transações digitais com todos os fornecedores e parceiros comerciais e transformando cada processo de negócio numa interação *just-in-time*;

- usar a transação digital de produtos e serviços para eliminar intermediários nas interações com clientes e, se a organização for um intermediário, usar ferramentas digitais para agregar valor às suas transações comerciais;

- usar ferramentas digitais para auxiliar os próprios clientes a resolver problemas, reservando o contato pessoal para responder às necessidades complexas e de alto valor desses clientes.

O correio eletrônico (*e-mail*) permite que usuários enviem mensagens eletronicamente de um computador para outro e para pessoas específicas, ou então para grupos de pessoas predeterminados. Documentos e arquivos eletrônicos podem ser anexados à mensagem enviada, reduzindo significativamente o fluxo físico de papéis e deslocamento de pessoas. Dessa maneira, fornecedores e clientes, ambos os extremos da cadeia produtiva, passam a interagir a distância, sem necessidade de deslocamento físico até as dependências das empresas. A distância e o tempo ficam menores e, virtualmente, as fronteiras da organização ampliadas, ou seja, as atividades internas da mesma "penetram" no recinto das empresas fornecedoras e escritórios dos clientes.

O correio eletrônico no âmbito das empresas pode ser aplicado, ainda, como apoio ao teletrabalho, que é uma alternativa de trabalho flexível para tornar as micro e pequenas empresas mais competitivas e dinâmicas, diferentes daquelas que ainda estão acomodadas na rotina do trabalho tradicional. O teletrabalho é o processo de levar as atividades, normalmente efetuadas nas instalações das empresas, até o colaborador que as executa em casa ou em qualquer outro local. É a substituição parcial ou total dos deslocamentos diários do trabalhador até os escritórios, pelo trabalho a distância, que se torna possível graças às tecnologias da informação e às facilidades de comunicação do correio eletrônico.

Um dos fatores de êxito na prática do teletrabalho é o processo de comunicação no exercício das atividades profissionais, especialmente entre o teletrabalhador e os colegas sediados no escritório, de forma espontânea, pois quando se trabalha fora do escritório não vai haver tanto dessa comunicação. Ou seja, a comunicação "desnecessária" e informal é minimizada.

Eventualmente, eles juntam os recados e ligam menos vezes para discutir os assuntos pendentes. Acumular recados e transmiti-los de uma só vez por e-mail é também uma das vantagens do teletrabalho, porque assim haverá menos interrupções durante o expediente. Um dos melhores exemplos das possibilidades do teletrabalho apoiado nos recursos da Web são os vendedores/representantes de vendas, que poderiam trabalhar integralmente fora das dependências da empresa e transmitir seus pedidos de vendas a distância.

Várias razões podem ser assinaladas para a implementação dos programas de teletrabalho no âmbito das micro e pequenas empresas: aumento de produtividade; redução de custos; diminuição do índice de absenteísmo/faltas ao trabalho; e aumento da qualidade de vida dos colaboradores.

Adicionalmente, pode-se apontar a retenção dos colaboradores principais como fator primordial da adoção do teletrabalho, na medida que tal possibilidade permite o gerenciamento do tempo da forma mais conveniente a cada trabalhador. Isso passa a constituir um benefício fundamental que (além dos triviais convênios de assistência médica, seguro de vida e outros benefícios) deve ser levado em conta.

Capítulo 9

AS DECISÕES NA GESTÃO COM PESSOAS

As decisões empresariais, assim como as que dizem respeito à gestão com pessoas, observam uma escala de importância relativa e, portanto, não são todas igualmente importantes

O filme "A arca de Noé", dirigido por John Irvin e estrelado por John Voight, James Coburn e Sidney Poitier, conta o caso bíblico do dilúvio. É a história do Velho Testamento em que Noé (John Voigt), sua esposa Naamah (Mary Steemburgen) e filhos são os únicos sobreviventes da espécie humana, juntamente com uma amostra completa dos animais da face da Terra.

Do filme pode-se, metaforicamente, extrair uma história e diálogo, teatralizado, apenas para fins didáticos, conforme explicitado a seguir.

Identificação de atividades e decisões na organização

Do encontro do Criador com Absalão, surge a idéia da construção da Arca de Noé, a partir de uma conversa:

"Não estou contente com os homens. Guerreiam entre si e só defendem interesses pessoais. Farei chover por 40 dias e 40 noites até cobrir a terra de água. Isso será conhecido como dilúvio. Vou matar todo mundo, mas quero uma nova humanidade, nascida de um homem inteligente, prático e com objetivos definidos. Vá e construa um barco para você e sua família e coloque dentro um casal de cada ser vivo. Você terá quatro meses para esse empreendimento."

O Criador, com essa declaração, elegera Absalão como o gerador de uma nova humanidade. Todas as suas idéias seriam propagadas para o futuro. Ele nada conhecia de barcos nem de navegação, e o prazo de quatro meses era muito pouco tempo. Mas ele não poderia perder a grande oportunidade dada pelo Criador. Era preciso resolver um problema técnico – construir um barco enorme.

Que objetivo! Absalão precisaria provar que era capaz de salvar a humanidade com a sabedoria do mais velho aliada à energia dos mais jovens. Rebuscando a memória, lembrou que conhecia um engenheiro naval chamado Noé, que poderia construir o barco. Absalão seria o coordenador do empreendimento e Noé, o elemento técnico. Tão logo pensou, conversou com Noé:

- Meu caro – disse Absalão – quero encomendar um barco... e um dos grandes!

- Sim, senhor. Mas qual o tipo, para qual carga, para que navegação?

- Ora Noé, isso são detalhes. É um barco para grande carga e águas pesadas. Quero fazer uma longa viagem com a família e levarei tudo. Olha, Noé, o empreendimento é grande e a coordenação é minha. Serei o presidente e você o técnico. Combinado?

- Combinado, senhor presidente, o barco é seu e quem manda é o senhor – retrucou Noé, dando de ombros. – Tão logo tenhamos os carpinteiros, iniciarei o trabalho.

- Puxa, eu não tinha pensado nisso – disse Absalão. – Precisaremos de carpinteiros para cortar as árvores e construir o barco. É preciso selecionar bem esses homens, pois o empreendimento não pode fracassar. Ah, já me lembro! Meu auxiliar na cruzada santa de três pedras fez uma ótima seleção de lanceiros. Roboão é o seu nome. Hoje está selecionando beterrabas para as indústrias egípcias, mas é certeza que virá trabalhar comigo por um salário um pouco maior.

Logo Absalão encontrou Roboão e este aceitou seu convite. Com isso, foi dormir satisfeito, pois menos de 24 horas após ter recebido a missão do Senhor já tinha o técnico e o especialista de Recursos Humanos. Dormiu embalado pela algazarra de sua família (20 membros) na festa de lançamento do empreendimento.

O segundo dia amanheceu tranqüilo e claro. O presidente foi acordado por Roboão com boas notícias:

- Chefe, já tenho cinco homens anunciando no povoado. É a fase do recrutamento. De acordo com o mercado, estamos oferecendo cinco dinheiros. Contratei cinco recrutadores e dez examinadores para a fase de seleção. O salário dessa equipe varia de 8 a 12 dinheiros, por serem especialistas. Olha chefe, só tenho um probleminha: Não quero responsabilidades com o numerário e não sou bom de contas. O trabalho com o pessoal já é bastante. Não acha melhor termos um homem para a gerência financeira do empreendimento?

- Bem lembrado, Roboão. Pode contratar alguém para o cargo – concordou Absalão.

O empreendimento crescia de vento em popa. As equipes de recrutamento e seleção já estavam em plena operação e as finanças já tinham um responsável. Com seu habitual dinamismo, Absalão logo adquiriu uma cabana para instalar o pessoal, com divisórias e tapetes, e formou uma equipe de segurança e zeladoria, convidando alguns velhos conhecidos das forças armadas. O empreendimento ganhava escala.

- Senhor presidente, falou timidamente a graciosa recepcionista. - Está aqui o Dr. Noé com alguns desenhos e...

- Minha filha, diga ao Dr. Noé que falo com ele após o almoço.

- Senhor presidente, o Dr. Noé telefonou novamente. Parece aflito para a aprovação de alguns desenhos.

- Ora, esse Noé sempre me perturbando, exigindo decisões imediatas sobre assuntos de grande complexidade, como tipos de madeira. Diga-lhe que nomearei um grupo de trabalho, o GT-BAR, para me dar um parecer. O rapaz é bom de projeto, mas nada entende de administração estratégica!

Quinze dias se passaram e o organograma já estava na mesa do presidente, com uma Diretoria das Coisas (DC), uma dos Investimentos (DI) e uma do Barco (DB). O total de empregados já alcançava 500 pessoas. Tudo parecia correr bem. Apenas Noé insistia em fazer cobranças.

- Roboão, não quero incomodá-lo nem desfazer do belíssimo trabalho de sua equipe – disse Absalão. – Mas Noé me disse que ainda não foram contratados os carpinteiros para o corte.

- Ora chefe, Noé é um sonhador. Só pensa nos seus benefícios. Eu já lhe expliquei as nossa dificuldades. Por exemplo, aumentamos o salário para

6 dinheiros, mas ainda não conseguimos atrair candidatos com o nível de qualificação desejável. Todos os que se apresentaram foram reprovados no exame psicotécnico. Este exame é da maior importância. Como poderíamos trabalhar com pessoas agressivas ou que tenham outros tipos de problemas de comportamento?

- Tem razão, Roboão. Noé desconhece o que é uma boa organização. Toque como você achar melhor.

No 40° dia, houve afinal a primeira reunião da diretoria. Era o momento solene das grandes decisões de cúpula do empreendimento. Estavam todos sentados à mesa de reunião com seus melhores ternos e suas pastas 007. O presidente – satisfeito – relatava que o empreendimento era o orgulho do povoado, gerando emprego para todos.

Aproveitando o clima de satisfação, o DC informou que havia feito um convênio com a Escola de Carpinteiros, pois a mão-de-obra disponível no mercado estava aquém do nível de capacitação desejável. Além disso, havia criado o Departamento de Gestão de Pessoas com a missão de retreinar os carpinteiros para a técnica naval, além de treinar digitadoras, secretárias e auxiliares para a administração. Havia criado também um Departamento de Higiene e Segurança no Trabalho e um ambulatório, que já atendia 20 pessoas por dia, em média.

O DB, aproveitando uma brecha do DC, ponderou timidamente que faltava papel para desenho e que a eficiência dos carpinteiros era baixa. Existia só um que cortou três árvores, sendo duas bichadas, de acordo com o último relatório do Controle de Qualidade. Noé, o técnico, estava tentando suprir a falta desenhando em folhas de bananeira e cortando árvores à noite, após o expediente.

Roboão havia mandado comprar uma charrete último modelo para atendimento ao chefe. Naturalmente, sua iniciativa lhe custou um pequeno atrito com Jacob, chefe do material, mas como eram antigos companheiros de armas, o incidente foi esquecido e contornada a auditoria.

Naquela noite, Absalão estava cansado, mas não pôde esquivar-se de receber Noé em sua residência.

O técnico foi objetivo:

- Sr. presidente, desculpe-me interromper seu descanso, mas o projeto já está pronto e as pessoas do GT-BAR ainda não foram nomeadas. O material já está especificado, porém o laboratório ainda não emitiu o laudo de aprovação da madeira e não conseguiu contratar os carpinteiros para o corte. Se o Sr. Presidente pudesse autorizar-me a trazer os carpinteiros conhecidos do povoado...

- Não se preocupe Noé. Falarei com o DB e apressarei a contratação do pessoal. Você sabe, apesar de ser o presidente, não posso mudar as normas da organização. Se o fizesse, não precisaria delas. Da chefia vem o exemplo do cumprimento de normas. Não se preocupe que o empreendimento está nas mãos de profissionais, e dos melhores! Boa noite, Noé!...

Noé afastou-se sem entender muito bem. Havia sido convidado para construir um barco. Agora, estava às voltas com normas, instruções, exame de seleção... Balançou a cabeça - as coisas devem ser complicadas mesmo, e o presidente é um homem capaz, senão não seria o presidente. Partiu otimista para sua cabana. Se o presidente disse é porque tudo vai indo muito bem, pensou.

No 80° dia Absalão passeava pela ravina. Estava orgulhoso. Era presidente de um empreendimento que já contava com 1.200 pessoas. Enquanto caminhava, pensava que as preocupações de Noé eram infundadas. Não passava de um tecnocrata pessimista. Felizmente, já havia o diretor técnico para despachar com Noé. Era menos um aborrecimento.

Subitamente - "puff" - uma nuvem de fumaça. Ouviu-se então uma voz que dizia: "Absalão, ponha gente de mais peso no topo, caso contrário o empreendimento afundará."

Absalão correu à cabana de Noé:

- Noé, Noé, ponha um convés no alto do mastro. Vou colocar as pessoas mais pesadas em cima.

- Mas, senhor presidente, isso é impossível. Sempre o convés é embaixo e o mastro aponta para cima. Se aumentarmos a massa no topo, o barco vai emborcar.

- Não discuta, a orientação agora é comigo, Noé. Recebi ordens superiores de colocar homens mais pesados no topo e é isso que vou fazer. Cumpra minhas ordens!

Noé não retrucou. O presidente estava nervoso! Talvez Job pudesse fazê-lo ver mais claro. Correu, então, à Secretaria-Geral, mas lá encontrou o comandante de operação do barco, que já esperava há duas horas. Com ele estavam o subcomandante nível 3, o imediato, o pré-imediato, dois assistentes, três assessores e um subvice-contrachefe.

- Noé – disse o comandante – O seu projeto não anda! Como vou treinar os meus homens sem barco? Vou pedir aprovação do presidente para adquirir um simulador de barco. Caso contrário, não me responsabilizo. O DI diz que a minha vazão de informação está horrível, mas alocou custos só na minha área. Já reparou quantas pessoas tem o Departamento de Apoio?

Noé balançou a cabeça e retirou-se devagar. Realmente, o que ele conseguira até então era muito pouco: meia dúzia de desenhos, sendo que alguns em folha de bananeira. Isso em 80 dias, e ele havia prometido ao presidente que faria o barco em 120 dias. Estava acabrunhado e sentia-se um incompetente.

Mas o que estaria errado?

O presidente entrou furioso, desabando em Job:

- Veja só! Faltam 40 dias e a Divisão de Importação diz que há crise de transportes e que a madeira só chegará no prazo de dez dias. O pessoal de pesquisa operacional, junto com as equipes de OSM e do CPD, já fez de tudo para diminuir o caminho crítico de um tal PERTO, mas estou vendo tudo muito longe! Quero uma reunião de emergência com os diretores. Vou despedir todos no Setor de Carpintaria e contratar outros. Se não fosse o Roboão com sua equipe de recrutamento, não sei o que seria.

- Mas, presidente, faltam 40 dias para o quê? – perguntou Job.

- Para o dilúvio, meu filho, para o dilúvio.

Job iniciou imediatamente, pelo telefone interno, a telefofoca a respeito do dilúvio.

No 90° dia, Gau adentra a sala do presidente:

- Chefe, tenho aqui um relatório indicando que há desvio de cipós de amarração no almoxarifado. A listagem do computador não bate com a emitida pela Auditoria...

- Que inferno, Gau! Coloque a sua equipe em campo. Jacob está fora de suspeita por ser meu amigo e companheiro de trabalho. Verifique o pessoal da carpintaria. Mande um memorando ao Roboão para aumentar a equipe de Segurança. Job, ponha o Roboão na linha!

- Roboão, aqui é o presidente. Já recrutou os carpinteiros?

- Infelizmente ainda não, chefe, porque eles não passaram no teste psicotécnico.

No 110° dia, houve nova reunião da Diretoria.

- Sr. presidente – falou o DI. – Dentro de uma semana vencem os nossos empréstimos internacionais com os povoados vizinhos, e o caixa não é suficiente. Nosso empreendimento vai muito bem economicamente, mas financeiramente estamos à beira de uma crise de insolvência. Sugiro uma redução de pessoal!

- Toda vez que se fala em redução de pessoal todos olham para mim, extravasou o comandante das operações. – Sem os meus homens, não há operação de barco!

- Senhor presidente, timidamente tentou o DB. – Acho que o comandante tem razão. Como o barco pode ficar pronto no prazo estipulado se não há material?

- Como posso fabricar madeira?, gritou o DC. – O meu laboratório não acha madeiras neste povoado e há crise de transporte... e esse tal de Noé? Que fez até agora? E ganha 10 dinheiros!

- Senhores, falou gravemente o presidente. – A situação do empreendimento é razoável, mas temos que tomar uma atitude mais séria quanto ao projeto do barco!

- Desculpe, presidente – reagiu o DC. – Mas acho que o problema está com esse tal de Noé. Nos nossos arquivos não constam os exames de admissão dele e nem sabemos se é mesmo engenheiro naval.

- Sim, a culpa é minha – retrucou Absalão. – Mas quando contratei Noé ainda não existiam as normas do empreendimento.

- Tudo era muito improvisado naqueles dias, senhor presidente – acrescentou o DI. – A culpa não pode ser assumida por V. Sa. Esse Noé é um oportunista sem escrúpulos, querendo se passar por engenheiro naval sem ter freqüentado nenhum curso regular.

- Ele é um bom homem – elogiou o presidente.

- Mas desviado de função – retrucou o comandante de operações. – Não podemos permitir que o mau exemplo prolifere. O que vou dizer ao meu pessoal? Como vou manter o moral da equipe permitindo que eles pilotem um barco construído por um arquivista qualquer, que nem engenheiro é? Não há outra solução senão demiti-lo, presidente.

Todos se entreolharam. Alguns começaram a rabiscar flechas no bloco de anotações. Absalão permanecia calado. Por fim, decidiu despedir Noé.

- Roboão, providencie a anotação em sua carteira de trabalho – ordenou Absalão.

- Mas, chefe, nem carteira ele tem, – respondeu Roboão.

- É isso! Um desorganizado total! Cada vez mais me convenço do erro de tê-lo convidado. Notifique-o então de que ele está sendo despedido do empreendimento.

Noé realmente ficou furioso com a notificação. Nem exigiu a fração do 13° salário que lhe cabia. Estava disposto a sair daquela terra, e o caminho mais fácil era pelo rio. Partiu para a floresta e reuniu cinco companheiros.

- Amigos, vamos cortar estas árvores, bichadas mesmo, construir um barco e sair daqui.

- Mas, Noé, não somos carpinteiros e não sabemos construir barcos!

- Não importa. Ensinarei a cortar madeira e já tenho os desenhos. Faremos uma equipe motivada com o objetivo de construir um barco para uma vida melhor em outras terras. Levaremos uns bichos a bordo para comermos na viagem. Só falta meter a mão na massa.

A madeira começou a ser cortada. Voavam lascas para todos os lados. As partes bichadas eram isoladas e jogadas fora. Em poucos dias o casco do barco já tomava forma.

No 120° dia Absalão acordou preocupado. A madeira tinha chegado, mas só havia três carpinteiros no Setor de Carpintaria. Sua charrete tomou o caminho mais rápido para o escritório. Nuvens pesadas cobriam os céus. Absalão foi direto ao telex, mas Job só chegaria às 10 horas. Correu então ao CPD. O órgão estava vazio, encontrou apenas uma moça.

- O que há aqui? Não começou o expediente? Quem é você?

- Sou a digitadora, senhor. Há dias não aparece ninguém. Dizem que sem um Plano de Cargos e Salários não fica ninguém.

Absalão voltou ao escritório. No caminho encontrou Gau que lhe disse, preocupado, haver uma boataria acerca de um tal de Plúvio, que poderia ser um terrorista.

Absalão ficou branco e correu ao telex, mandando Job transmitir rapidamente a seguinte mensagem a Deus: "Senhor Criador. Dificuldades insuperáveis com o projetista atrasaram o empreendimento. Solicito prorrogação do prazo." A resposta foi imediata: "Prorrogação negada."

E começou a chover. Absalão correu para fora, seguido de Job. A chuva estava cada vez mais forte, começando as águas a inundar tudo. Job gritou:

- Chefe, há um barco descendo o rio. Veja, na proa está escrito 'Arca de Noé'.

Hierarquização das decisões

Conforme a história relatada, pode-se deduzir que administrar uma organização, qualquer que seja, é uma sucessão de decisões que o gestor precisa tomar ao longo de sua existência, observando que:

- essas decisões podem ser hierarquizadas em uma escala de importância relativa em que as "mais importantes" são classificadas como ESTRATÉGICAS e as "menos importantes", como OPERACIONAIS. O gestor, em qualquer decisão, mesmo relacionada à vida pessoal, não pode considerar tudo igualmente importante (o excesso de decisões e de informações atrapalha);
- as decisões ESTRATÉGICAS são aquelas relacionadas com a adaptação da organização ao ambiente externo; que afetam o posicionamento competitivo no setor econômico a que pertence a organização; normalmente, diz respeito ao longo prazo; a natureza de sua decisão é complexa, não definido claramente, e um problema é diferente do outro (irregulares e assistemáticos); exige informações do ambiente externo e criatividade;
- as decisões OPERACIONAIS se referem à escolha do curso de ação a ser tomada no ciclo operacional da organização (cadeia produtiva ou fluxo físico de suas atividades-fim); as decisões normalmente dizem respeito ao ambiente interno; seu horizonte temporal é de curto prazo; seus problemas são rotineiros e repetitivos; passíveis de padronização;
- a falta de planejamento, com as atividades e decisões empresariais entregues a si mesmas, tende a piorar os resultados do empreendimento.

Nesse caso, são visíveis os aspectos caricatos da burocracia. Sabe-se que, segundo a Lei do Trabalho ou Lei de Parkinson (1957), o trabalho aumenta a fim de preencher o tempo disponível para a sua execução; por outras palavras, quanto mais tempo para fazer uma coisa, tanto mais tempo se levará a fazê-la. Da Lei do Trabalho derivam dois princípios.

• Lei da Multiplicação dos Subordinados: um chefe de serviço deseja sempre aumentar o número dos seus subordinados, desde que não sejam seus rivais;

• Lei da Multiplicação do Trabalho: um chefe de serviço sempre arranja trabalho para outros funcionários.

Nota-se a aplicação a esse caso, ainda, o Princípio de Peter (Peter, 1969). Tão famoso como a teoria anterior, pode ser enunciado da seguinte forma: numa hierarquia burocrática, todo funcionário tende a subir até chegar ao seu grau de incompetência, pelo que todo cargo tende a ser ocupado por um funcionário incompetente.

Essa hierarquização das decisões relacionadas à construção do barco, que é o objetivo do empreendimento, pode ser observada na Figura 5:

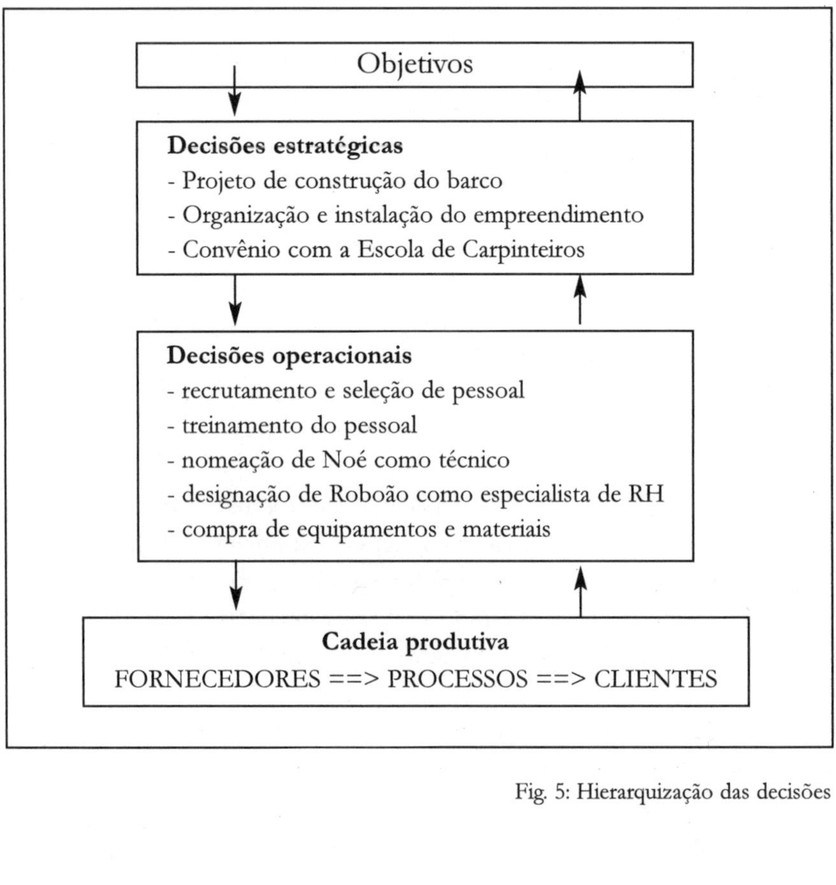

Fig. 5: Hierarquização das decisões

Essa maneira de ordenar as decisões numa determinada organização, em uma certa escala de importância relativa, permite, portanto, hierarquizar atividades mais importantes em relação àquelas menos importantes para atingir os objetivos corporativos. Tal abordagem é aplicada nas organizações mencionadas nos filmes "Cadillac man" (cap. 10 - Você trabalha por comissão?), "Tucker: um homem e seu sonho" (cap. 11 - Uma nova revolução industrial) e "Chocolate" (cap. 12 - Do artesanato aos Serviços), conforme detalhado na Parte III.

Parte III

ESTRATÉGIAS EM DIFERENTES CONTEXTOS

Visão geral

10. Você trabalha por comissão? *(Uma linda mulher; Chocolate; Presente de grego; Minority Report)*
11. Uma nova revolução industrial *(Tempos modernos; Tucker: um homem e seu sonho; Com o dinheiro dos outros).*
12. Do artesanato aos serviços *(Do que as mulheres gostam; A firma; Wall Street: poder e cobiça; Erin Brockovich; Mauá: o imperador e o rei; Chocolate; Presente de grego; O amor é contagioso).*

Eliminar o intermediário a qualquer custo... era o que Yul Brinner prescrevia no filme "Um convite a um pistoleiro" em negociações diretas, sem atravessadores, com fornecedores e clientes.

Visão geral

A finalidade desta Parte III é propor uma abordagem de análise da estrutura do universo empresarial no contexto brasileiro. Esse enfoque parte do pressuposto de que existem diferentes organizações em face do ramo de negócios a que pertencem. Nela procurou-se identificar as características básicas dos diferentes segmentos empresariais e analisar as possíveis relações entre tipo organizacional e a necessidade de se adotarem modos de gestão específicos em cada classe econômica de organizações.

Esta parte considera uma abordagem centrada na realidade brasileira, apresentando um enfoque inovador para diagnosticar economicamente o mundo dos negócios nacional. Nesse modelo de análise da estrutura e lógica do contexto empresarial brasileiro, o objetivo foi identificar as características e estratégias de gestão com pessoas inerentes às diferentes organizações da economia nacional, dada a constatação da existência de organizações assemelhadas, passíveis de serem agrupadas em setores econômicos.

A essas classes de organizações poderiam ser associadas estratégias genéricas, que seriam próprias do setor econômico no qual estariam inseridas. É um dos aspectos inovadores introduzidos nesta obra, que desenvolve um delineamento estratégico dos diferentes tipos de organizações do universo empresarial brasileiro. As organizações analisadas e enquadradas nesses setores são afins em termos de características organizacionais, que são identificadas em função da forma diferenciada como as organizações se adaptam ao meio ambiente para manter sua sobrevivência. Elementos como a escassez de insumos produtivos, a competição reinante, o tipo de produtos (bens/serviços) gerados e outros fatores empresariais configurariam diferentes tipos de organizações.

Estariam algumas empresas predestinadas a se situar em margens fixadas por serem empresas comerciais, industriais ou de serviços? Ou seja, o fato de serem empresas de varejo, como Ponto Frio (0,6%), Riachuelo (0,9%), Pão de Açúcar (5,9%), Coop (2,8%) e Drogasil (7%), as predestinaria a uma faixa de ganhos intrínseca às empresas comerciais?

Da mesma forma, o fato de Petrobras, Klabin, Acesita, Belgo Mineira e Souza Cruz terem margens equivalentes significaria que qualquer empresa do setor industrial estaria fadada a obter idênticas margens?

Ou aquelas empresas de prestação de serviços, como a Medial Saúde, Intermédica, Credicard e Redecard, teriam idêntico destino de serem todas bem-sucedidas, todas com altíssimas margens de rentabilidade?

Os resultados obtidos na análise de balanços de empresas comerciais, industriais e de serviços evidenciam que não. Da mesma forma como se identificaram empresas comerciais varejistas com altíssimas margens de ganhos (Lojas Americanas: 38,5%; Makro: 22,4%; ou, inversamente, casos deficitários como o Bom Preço: -28,1%), verificou-se que existem empresas de prestação de serviços com reduzidas margens (Golden Cross: 8,6%; e Amil: 9,8%) e até mesmo valores negativos (Metrô, com prejuízos em -6,4%; e Unimed Paulistana, -7,4%). No setor industrial, foi comprovado comportamento equivalente com empresas que apresentaram baixos índices (Basf: 4,3%), ou até mesmo rentabilidade negativa (Eucatex: -21,3%) ao lado de outras com margens compatíveis àquelas do setor de prestação de serviços.

Conforme será abordado nos capítulos seguintes desta Parte III, nota-se que, longe de haver uma predefinição de qual será a margem de rentabilidade da empresa em função do seu setor econômico, há certa tendência ou padrão próprio a cada setor econômico. Esse padrão sinaliza características básicas e estratégias genéricas que poderiam ser, normalmente, associadas a empresas em cada setor econômico.

Tais estratégias genéricas seriam distintas daquelas específicas, próprias a cada empresa, em função do estilo de gestão ou situação particular de cada organização. Ou seja, a singularidade nas empresas seria decorrência das decisões estratégicas adotadas a partir de estratégias genéricas e específicas, que evitariam a existência de duas empresas iguais.

A identificação das estratégias genéricas próprias de cada setor econômico ganha importância em face da expansão de organizações que procuram novos instrumentos de melhoria da produtividade para alavancar seus resultados corporativos. É nesse cenário que deve se inserir a figura do gestor das organizações brasileiras que, no exercício de suas funções, precisa observar, primordialmente, a necessidade de se adotarem diferentes enfoques de gerenciamento para cada tipo de organização existente no contexto empresarial brasileiro.

Por outro lado, um determinado setor econômico pode se desdobrar em segmentos ou subsetores como, por exemplo, o setor altamente concentrado, que abrange empresas siderúrgicas, de cimento e afins. Esse setor, que envolve ainda empresas produtoras apenas de papel/celulose de elevada escala ou que produzem, normalmente, apenas celulose, pode incluir também organizações verticalizadas que produzem papel de sua própria matéria-prima; e empresas que produzem somente papel e utilizam como matéria-prima os resíduos de papel e celulose para a produção de papel reciclado (empresas de pequeno e médio porte que constituem um segmento econômico mais diversificado e heterogêneo).

Da mesma forma, uma determinada organização, dada a sua alta diversificação de produtos e processos produtivos, pode, eventualmente, pertencer a mais de um setor econômico. Além disso, tem-se o caso de conglomerados empresariais (do tipo *holding*), que devem ser encarados como um conjunto de empresas, cada uma delas podendo pertencer a setores econômicos diferentes.

A Volkswagen AG é um exemplo disso. Além de veículos, faz muito sucesso com a produção de uma lingüiça de *curry*, a chamada *currywurst*. O frigorífico da gigantesca empresa automobilística fabrica 80 mil toneladas do produto, uma iguaria cuja fórmula não é conhecida nem mesmo pelo presidente do grupo. Maior parque industrial da Europa, a Volkswagen administra um dos maiores frigoríficos da Alemanha, produzindo, em volume, três vezes mais lingüiças do que carros. Em 2003, saíram da linha de montagem 520 mil carros e 1,6 milhão de quilos de lingüiças. Para se ter idéia do grau de tecnologia para a fabricação de lingüiças atingida pela empresa, uma máquina reduz num único golpe 260 quilos de carne em pedacinhos de dois milímetros. No início, nos anos 30, na cidade de Wolfsburg, as lingüiças eram uma forma barata de a montadora alimentar seus trabalhadores.

O mundo empresarial, como o segundo setor da economia do país (o governo como Primeiro Setor, e o Terceiro Setor o complementa), pode ser considerado como um conjunto de diferentes classes de empresas afins em termos de características organizacionais. Estas são identificadas em face da forma diferenciada em que as organizações se adaptam ao meio ambiente para manter sua sobrevivência. Elementos como a escassez de insumos produtivos, a competição reinante, a natureza dos produtos (bens/serviços) gerados, entre outros, configuram diferentes tipos de organizações.

Dadas as características de uma empresa industrial, por exemplo, que compra matérias-primas, transforma-as no processo produtivo, estoca e comercializa com os clientes, suas estratégias de negócios se apóiam no desempenho do pessoal de chão de fábrica. Por outro lado, há empresas comerciais cujo escopo é intermediar a produção das empresas manufatureiras/industriais, colocando seus bens produzidos para os clientes finais. É uma atividade essencialmente de comprar produtos, estocá-los e vendê-los. Nesse tipo de organização, por exemplo, a estratégia genérica relevante é a pronta disponibilidade de produtos nas prateleiras e seu alto giro dos estoques. Em contrapartida, as empresas prestadoras de serviços, cujo principal ativo (capital humano representado pelos seus colaboradores) entra e sai da organização diariamente, tenderiam a enfatizar as estratégias relacionadas ao capital humano. O fato de os colaboradores desse tipo de organização (empresas de consultoria, engenharia consultiva, agências de publicidade e propaganda e afins) exercerem atividades intelectuais, criativas e demais trabalhos especializados torna-os candidatos naturais a exercerem atividades profissionais a distância e inteiramente livres de supervisão direta de seus superiores hierárquicos.

À medida que os gestores têm de atender às expectativas e necessidades dos indivíduos e equipes de trabalho que compõem as organizações, e considerando que estas últimas sofrem influência do setor econômico em que estão inseridas, especial atenção deve ser dada ao impacto (que é diferenciado em função do tipo de organização) das variáveis ambientais na formulação das estratégias corporativas e, conseqüentemente, das estratégias de gerenciamento de organizações empresariais. Para diferentes tipos de empresas, enfim, sugerem-se diferentes abordagens de gestão empresarial. Tais reflexões são detalhadas nos capítulos seguintes.

Capítulo 10

VOCÊ TRABALHA POR COMISSÃO?

A cena que mostra Vivian (Julia Roberts) perguntando à vendedora de uma loja de confecções "você trabalha por comissão?", no filme "Uma linda mulher", caracteriza as atividades típicas das empresas comerciais. Através do enredo da película, pode-se ter uma visão sistêmica dos bastidores das organizações (industriais, comerciais e de serviços). A empresa prestadora de serviços é evidenciada no escritório do personagem de Richard Gere, que exerce atividades de consultoria financeira, investimentos de capitais e promoção de fusões e aquisições de frágeis empresas industriais (organizações que transformam matérias-primas e insumos em produtos finais e que no enredo do filme se mostram vulneráveis nos mercados em que atuam e, portanto, ficam dependentes do capital financeiro dominado pelos bancos e escritórios financeiros).

A fita mostra que, além do enfoque técnico presente no planejamento corporativo, existe o lado informal e subjetivo que influencia as decisões da alta administração das organizações. São mostradas, ainda, empresas comerciais (organizações do setor competitivo que atuam em comércio varejista de compra e venda de mercadorias). Caracteriza também, com especial dramaticidade, as questões de marketing, sempre presentes no comércio varejista, quando os clientes não são tratados com a devida atenção. Isso pode ser caracterizado na cena em que Vivian, vestida com simplicidade, faz compras numa loja de grife. A vendedora a trata com pouco-caso, demonstrando, com isso, total despreparo para a função. Fica evidente que ela não obteve treinamento nem aulas de recursos humanos e, concomitante a isso, a despreocupação do dono da loja com o marketing e a reputação dela. A mensagem é: de nada adianta um planejamento estratégico cuidadoso, tendo como prioridade o aumento das vendas, se o pessoal da área comercial (lojas) está mal preparado para sua execução.

Características das empresas comerciais

As lojas comerciais são organizações que compram e revendem mercadorias adquiridas das industriais, produtoras dos bens por elas fabricados. É o caso das distribuidoras de veículos, que comercializam os produtos automotivos manufaturados pelas montadoras (fábricas de automóveis) e os vendem aos seus clientes (compradores pessoas físicas ou jurídicas).

O setor de empresas comerciais abrange organizações que atuam no comércio varejista, comércio atacadista, autopeças, distribuidora de veículos e organizações correlatas. Um exemplo desse tipo de empresa pode ser percebido, ainda, no filme "Cadillac man", que mostra as características básicas de uma distribuidora de veículos. Suas principais atividades e decisões podem ser ordenadas e hierarquizadas na forma que se segue (vide Fig. 6).

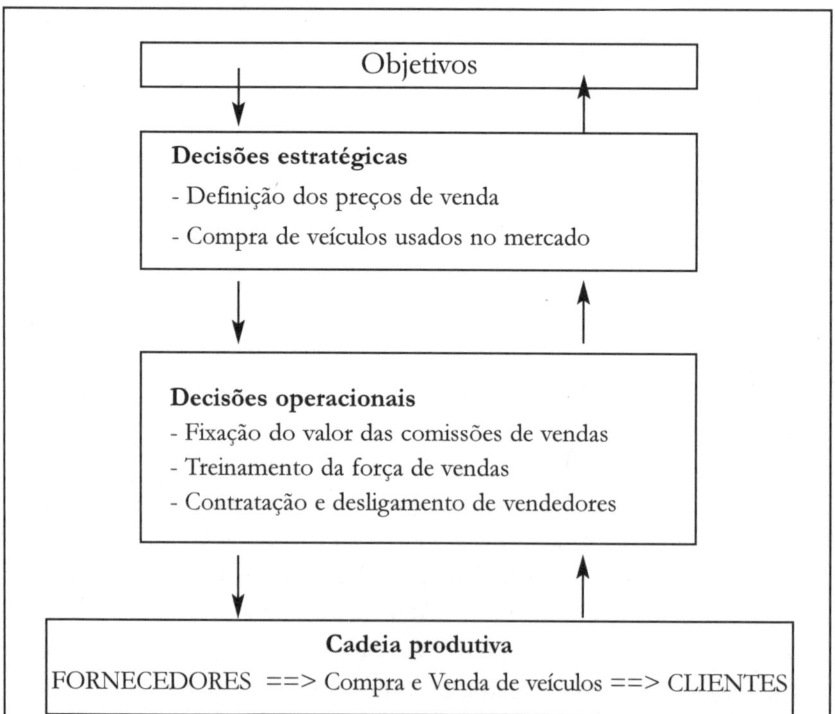

Fig. 6: Hierarquização em empresa comercial

Filmes como "Chocolate" e "Presente de grego" exemplificam esse tipo de empresa, nos quais se percebem as características:

a) não-existência de barreiras à entrada de novas empresas;

b) empresa que domina, isoladamente, parcela significativa do mercado, é uma situação rara neste segmento econômico;

c) o setor tem grande número de pequenas empresas, menores que a média do setor, com curva de custos mais elevada e menor taxa de lucratividade, quando comparada com as organizações do setor;

d) os intermediários e fornecedores de matérias-primas normalmente têm presença mais forte que os fabricantes e estão vinculados também a outros setores econômicos;

e) o nível de desenvolvimento tecnológico é incipiente;

f) os bens e serviços ofertados fazem parte da rotina de compra e uso dos consumidores;

g) a competição básica é via preços, pois há certeza de captação de novos consumidores à custa de outras empresas concorrentes.

Este setor da economia possibilita que empresas com maior produtividade ganhem participação de mercado *market share* em detrimento daquelas menos eficazes. É um ramo de negócios que, em face das influências das variáveis ambientais, normalmente é favorecido pela ampliação do poder aquisitivo, ampliação das linhas de crédito, redução de alíquotas de importação e beneficiado em cenário de juros nominais menores e de estabilidade de empregos.

É um setor bastante sensível ao comportamento da inflação, da manutenção da renda do consumidor (crescimento relativo da economia nacional) e à taxa cobrada pelas instituições financeiras. Um exemplo da influência da taxa bancária é a existência de baixo volume de crédito existente no Brasil e a alta concentração dos bancos que inibem a redução do *spread* bancário (diferença entre o custo praticado na ponta de captação dos recursos financeiros e a taxa praticada na outra extremidade, que é a ponta de empréstimos aos clientes), ao lado do peso da taxação dos impostos e contribuições na intermediação financeira ditados pelo governo (variável legal).

O depósito compulsório é a taxa, atualmente em torno de 60%, dos depósitos bancários, que devem ficar indisponíveis e sem movimentação pelos bancos e têm influência direta sobre as taxas finais praticadas com o público (pessoas físicas e empresas tomadoras de empréstimos financeiros). Ou seja, no Brasil, os volumes de créditos são relativamente baixos, o que força a adoção de uma estratégia para manter os *spreads* altos para que o próprio sistema financeiro permaneça viável.

A manutenção de taxas de juros elevadas das instituições financeiras (bancos e financeiras) implica crédito mais caro e curto, e contribui para afugentar os clientes das lojas (consumidor de bens duráveis de maior valor, especialmente eletrodomésticos e eletroeletrônicos). Os juros comprimem as vendas e obrigam o comércio a ser mais agressivo nas negociações de preços com os fornecedores. Isso pode ajudar a conter a inflação, mas também provoca o aumento do desemprego e, portanto, retração das vendas das empresas varejistas e atacadistas.

O setor econômico de empresas comerciais possibilita que aquelas com maior produtividade ganhem participação em detrimento das menos eficazes. Caracteriza-se, ainda, por ter como clientes pessoas físicas (ou consumidor final, como, por exemplo, os compradores particulares de veículos) e/ou pessoas jurídicas, como é o caso de outras empresas do comércio varejista (empresas de transportes e frotas, que são os clientes das distribuidoras de veículos).

É um setor constituído de empresas comerciais, que sofre influência dos avanços tecnológicos, como se pode perceber em determinadas cenas de "*Minority Report*". O filme mostra a onipresença tecnológica (*pervasive computing* ou computação onipresente), que deve revolucionar o modo como as empresas farão transações comerciais. É o ponto-de-venda, por exemplo, ligado literalmente à linha de montagem industrial. É o que se vê quando a balconista virtual dirige-se a John Anderton (Tom Cruise) e lhe diz "O sr. deseja comprar os últimos lançamentos de sua marca de roupa predileta ..." e as enumera a partir da leitura da íris do cliente e consulta em tempo real um banco de dados que contém todos os seus dados pessoais.

É uma tecnologia já disponibilizada parcialmente e de que se valem as grandes redes de hotéis para registrar dados de seus hóspedes: quando os mesmos retornam, torna-se possível recuperar tais informações. Com isso, pode-se disponibilizar, fisicamente, no apartamento do hóspede suas bebidas prediletas, personalizar objetos com o nome do cliente, lembrá-lo de dados importantes, enviar mensagem de aniversário das pessoas mais próximas de sua família, entre outros.

Dentro do universo tecnológico evidenciado no filme pode-se perceber uma série de ferramentas em termos de *hardware* e *software* já em pleno uso nos dias atuais. Algumas aplicações das novas tecnologias, comercialmente presentes em hospitais e fábricas automobilísticas, principalmente, já utilizam o reconhecimento da íris, comando de voz, conexão com satélites e demais recursos da computação onipresente (em todo o lugar, a todo o instante e com a mesma base de dados).

O enredo do filme projeta o poder das inovadoras tecnologias da informação, com grande ênfase para a computação onipresente que permeia toda a história vivida pelo personagem de Tom Cruise. Numa das cenas, ele chega a uma loja futurística e uma atendente o cumprimenta pelo nome, perguntando se não quer levar uma das calças da nova coleção que tanto aprecia. Não há cadastro, senha digitada ou cartão passando em leitora. O sistema da loja o reconhece por suas características físicas, no caso é a íris, mas poderia ser retina, linhas do rosto ou voz. O sistema acessa um banco de dados público e cruza as informações com o perfil de consumidor do personagem que é estruturado, provavelmente, com base em seus gastos rotineiros com vestuário.

O sistema em questão, em termos de programa computacional, é um *customer relationship management* - CRM (*software* que permite a realização de interações e transações comerciais entre empresas) elevado à enésima potência. No universo projetado pelo filme, a Internet liga o mundo todo. É o ideal da tecnologia de computação ubíqua que persegue a meta de transformar as facilidades da informática em algo invisível, dispensando o uso de aparelhos que transformam a linguagem humana em dados digitais e vice-versa. A analogia mais perfeita é imaginar uma pessoa como um controle remoto universal ambulante. Com um movimento do dedo, um piscar de olhos ou um murmúrio qualquer, seria possível ligar uma máquina ou se conectar com a Internet. A memória principal, as unidades de armazenamento de dados e os dispositivos de conexão do microcomputador estariam embutidos em objetos de uso comum. As tecnologias para isso, isoladamente, já estão disponíveis.

Reconhecimento de voz, conexão sem fio, reconhecimento de retina e do movimento dos olhos são tecnologias desenvolvidas e necessitam apenas de soluções de convergência tecnológica e solução de métodos de fabricação em escala massificada. O uso da onipresença tecnológica (*pervasive computing* ou computação onipresente) deve revolucionar o modo como as empresas farão transações comerciais. Essa revolução nos negócios será viabilizada por uma nova forma de as pessoas interagirem com equipamentos, mudando completamente a atual noção do que se entende por tecnologias da informação.

Essa nova forma de interação se assemelha a um CRM para máquinas, que promoveria a interligação de diversos dispositivos para promover a troca e acesso de informações, disponibilizadas a qualquer pessoa, em qualquer lugar. Uma das possibilidades permitidas por esses novos recursos tecnológicos seria a flexibilização da produção de acordo com a demanda de mercado. É, como foi dito, o ponto-de-venda ligado literalmente à linha de montagem industrial.

Estratégias e gestão com pessoas

As distribuidoras de veículos, que constituem um exemplo típico das empresas deste setor econômico, migraram da situação de venda de carros como principal negócio para outras atividades comerciais. De fato, com margens cada vez mais estreitas na venda de veículos e em meio a uma forte disputa de preços com as montadoras (suas principais fornecedoras), as revendas passaram a dar mais ênfase aos serviços de pós-venda.

Serviços de oficina ágeis, atendimento domiciliar, agendamento de consertos, segmentação de mercado, compartilhamento de estoques de peças e montagem de butiques de marca são algumas das estratégias específicas usadas pelas concessionárias de veículos para conquistar o cliente (antes mesmo da troca de veículo, cuja venda deixou de ser exclusivamente o negócio da empresa). Ou seja, o pós-venda virou negócio atraente e que induz à fidelização de clientes. A rentabilidade, que na venda de carro popular fica abaixo de 4%, pode chegar a mais de 20% nos serviços de oficina. Tal mudança estratégica baseia-se na alteração do perfil das distribuidoras de veículos a partir da chegada de novas montadoras. O aumento da concorrência e a redução de margens desencadearam aquisições e fusões entre as distribuidoras da mesma marca.

Outro fator que contribui para tal estratégia são as vendas *on-line* pela montadora (compras diretas pelo cliente através da Internet, evitando com isso os eventuais pagamentos de impostos em cascata, que podem ocorrer nas vendas por intermediários), que passa a concorrer diretamente com suas próprias concessionárias autorizadas.

Na realidade, as vendas através de portais e *sites* passam a ser tendência que as próprias distribuidoras de veículos, por questão de sobrevivência, devem adotar com mais freqüência. Contribui, para tanto, o fato de que a ferramenta de vendas pela Internet é integrada automaticamente com os outros sistemas de informação da montadora, tais como: produção; estocagem; distribuição; faturamento; expedição; e logística em geral. Possibilita, com isso, além de facilitar a especificação de opcionais de novos pedidos (venda de carros sob medida), localizar um veículo facilmente e informar em tempo real se há ou não disponibilidade no estoque da fábrica ou da distribuidora da marca.

Outros fatores são: mercado saturado; capacidade ociosa das montadoras automotivas com pressão contínua para melhorar sua produtividade; produtos homogêneos cada vez mais parecidos; clientes cada vez mais exigentes; e maior possibilidade de escolha no momento da compra, principalmente devido às novas marcas e modernas tecnologias dos veículos.

Nesses tipos de atividades comerciais, as organizações normalmente têm possibilidade de implementar estratégias de gestão de pessoas com ênfase em salários e benefícios, bem como contemplando de forma privilegiada a remuneração variável (e por resultados) em função do desempenho comercial. São empresas que devem atuar com unidades de negócios (lojas) autônomas e, portanto, exigem um corpo gerencial altamente treinado e capacitado a atuar com poder decisório auto-suficiente.

As empresas desse setor econômico são as mais influenciadas pelas novas tecnologias da informação (*business-to-business*), que provocam a não-intermediação e a eliminação de distribuidores e varejistas. Porém isso não quer dizer que a Internet vá acabar com os vendedores varejistas, que os *shopping centers* prevalecerão, ou que o comércio tradicional de rua irá à falência – haverá espaço para todos os segmentos da cadeia econômica. Entretanto, as empresas do setor competitivo terão de adotar estratégias de negócios diferenciadas, com foco maior no cliente, maior segmentação de mercado e agregação de valor ao serviço prestado. Para isso, deverão capacitar seus funcionários, de modo que privilegiem esse consumidor da nova era digital, atendendo com eficiência às suas mutantes expectativas e exigências. Outro exemplo de estratégia de gestão de pessoas induzidas pelas novas tecnologias são os supermercados e as lojas de departamentos, que já estão inseridos na Internet com significativo número de lojas virtuais. A rigor, o sistema não vai acabar com o comércio físico, compensará a precariedade das estruturas das empresas para atender a públicos de regiões distantes e aproveitar a oportunidade de reduzir custos e tempo no atendimento de clientes de alimentos, CDs, eletrodomésticos e outros produtos demandados por um perfil de freguês cada vez mais informado e exigente.

No início, esses estabelecimentos adotavam estratégias para apoiar um negócio de auto-serviço e de competição via preços. Atualmente, o comércio de forma geral e segmentos do setor econômico competitivo buscam melhorar o contato com o consumidor, convivendo ao lado do comércio virtual ou *e-commerce*, que começa a competir diretamente com as lojas tradicionais e já atrai grandes redes varejistas e atacadistas. As novas estratégias de gestão de pessoas necessitam atender a tais mudanças empresariais, que exigem mão-de-obra especializada.

Alguns exemplos são ilustrados nos filmes "Chocolate" e "Uma linda mulher", que mostram, respectivamente, uma loja de calçados, confeitaria de chocolates, loja de departamento – *magazine*. Este setor congrega pequenas empresas onde nenhuma, isoladamente, domina o mercado. Não existem barreiras à entrada de novos concorrentes e o setor, por conta disso, torna-se extremamente competitivo. "Presente de grego" exibe também uma empresa de prestação de serviços típica (consultoria empresarial), que se caracteriza pela produção de múltiplos serviços personalizados.

Capítulo 11

UMA NOVA REVOLUÇÃO INDUSTRIAL

Produzir carros de qualquer cor... desde que fossem pretos!!!, afirmava Henry Ford.

Essa frase dogmática foi dita na ocasião do lançamento do Modelo T, na cor preta, e com isso Ford criou a produção industrial em série, mas o que realmente lhe interessava era o consumo em massa. Sua invenção ajudou a criar uma classe média americana urbanizada e com salários em ascensão. Havia um grande fluxo de trabalhadores dirigindo-se a Detroit em busca de empregos, e, se iam trabalhar em uma das fábricas de Ford, acabavam comprando seus carros (o empresário criou condições de crédito para que todos pudessem comprar seus carros. Primeiro, financiou seus próprios empregados; depois, estendeu esse crédito aos consumidores).

Nas atividades industriais, como mostra, por exemplo, o filme "Tempos modernos", aplicam-se certos princípios do taylorismo/fordismo e do toyotismo, com evolução para um fluxo de produção padronizada (linha de montagem ou fluxo contínuo de produção). Fabricação de produtos normalmente homogêneos. Transformam matérias-primas (insumos produtivos) em produtos finais (bens industriais): siderúrgicas, metalúrgicas e empresas manufatureiras em geral. As organizações, metodologicamente, foram agrupadas em empresas do setor econômico: altamente concentrado; semiconcentrado; de bens de consumo não-duráveis; e de bens de consumo duráveis.

Características das empresas industriais

Como ilustração de organizações deste setor econômico têm-se as metalúrgicas, que se caracterizam principalmente por adquirir suas matérias-primas de uma siderúrgica (organização pertencente ao setor econômico altamente concentrado) para alimentar seu processo produtivo constituído das etapas de laminação e acabamento para, finalmente, gerar seu produto final (chapas e laminados metálicos).

Tais produtos, por sua vez, podem ser vendidos para outras empresas, como as que pertencem ao setor econômico misto (montadoras de veículos, indústrias de eletroeletrônicos e afins). Ou seja, existe um inter-relacionamento de organizações de diferentes setores econômicos em que o insumo produtivo de uma delas pode ser o produto final de outra que pertence ao setor precedente na cadeia econômica global.

Este ramo de negócios se caracteriza pelo fato de quanto menor for o número de empresas e quanto mais semelhantes em termos de porte, maior será a interdependência entre as decisões tomadas, internamente, em tais organizações (influi no setor como um todo).

As organizações do setor se distinguem, ainda, pela formação de preços equivalentes e com possibilidade de acordos entre elas, dificuldades à entrada de novas empresas (vantagens da economia de escala, vantagem absoluta de custos, barreiras institucionais e governamentais), características do produto e dos clientes e nível de desenvolvimento tecnológico semelhante (produto e processo produtivo).

É um setor que sofre a influência conjuntural das variáveis legais, como foi o caso da concessão de significativos incentivos fiscais e creditícios por parte do governo, que subsidiava a expansão do parque industrial de papel e celulose, o que provocou o surgimento de poucas empresas, altamente concentradas, dominando o mercado (criação de oligopólio em que as quatro maiores empresas do setor respondiam pela maioria da produção desse subsetor). Idêntico cenário é ilustrado no filme "Tucker: um homem e seu sonho", em que poucas montadoras automotivas, já estabelecidas, dominam o mercado, impedindo a entrada de novas empresas.

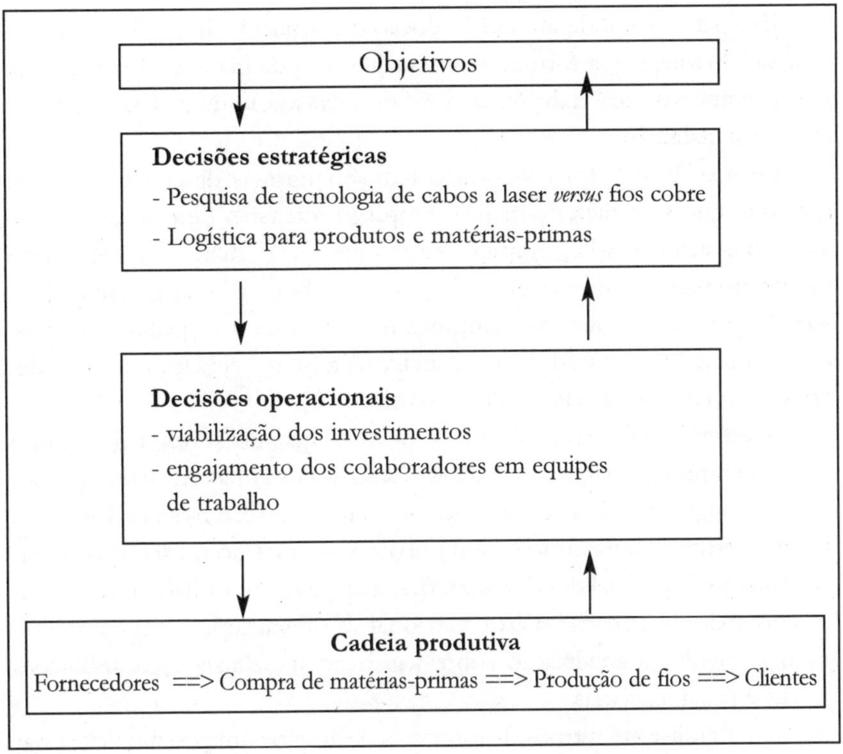

Fig. 7: Hierarquização em empresa industrial

As empresas industriais são extremamente influenciáveis pela variável tecnológica, conforme ilustrado na Fig. 7, do filme "Com o dinheiro dos outros". Nele, é demonstrada a decadência de uma empresa fabricante de fios e cabos elétricos devido ao surgimento da fibra ótica como nova opção tecnológica para o mercado. A película evidencia uma seleção natural de empresas sobreviventes, que tiveram de investir na renovação tecnológica para reverter a situação de atraso tecnológico dos processos produtivos das fábricas que não se modernizavam há dezenas de anos.

Estratégias e gestão com pessoas

Essa situação pode induzir à adoção de estratégia de gestão com pessoas que privilegiem a formação e requalificação da mão-de-obra existente nessas empresas para trabalhar a constante renovação do seu parque fabril industrial instalado.

Dentro desse setor econômico têm-se empresas de construção civil (pesada), que se caracterizam pelo emprego intensivo de mão-de-obra, e altamente influenciadas, contingencialmente, pela situação de equilíbrio vigente no mercado de trabalho. Nesse caso, a abordagem de gestão de pessoas é típica de empresa que emprega mão-de-obra não qualificada. Normalmente, a ênfase estratégica é concentrada na terceirização da mão-de-obra, recrutamento e seleção de pessoal.

A estratégia de terceirização de pessoal, quando adotada no âmbito geral da empresa, permite à sua direção se concentrar nas atividades produtivas ao longo da cadeia de agregação de valores e foco nos negócios. Em sentido estrito, a terceirização pode ocorrer até mesmo no tradicional departamento de pessoal das organizações, que, pelo fato de não precisar contar com mão-de-obra nessa área funcional da organização, evita a burocracia que envolve a atualização sobre legislação trabalhista e contribuições sociais e previdenciárias.

A ênfase em termos de estratégia de gestão com pessoas deve estar voltada a qualificar mão-de-obra alocada a um processo produtivo em permanente transformação tecnológica, visando a otimização da programação da produção. Essa mão-de-obra precisa estar qualificada, ainda, para incrementar a qualidade e outras dimensões que elevam o valor de seus produtos. Tal característica direciona suas atividades de educação corporativa, prioritariamente, para as funções diretamente relacionadas ao processo produtivo (área tecnológica).

Como estratégia genérica para a implementação de tecnologias da informação em empresas desse setor, é recomendável a reorganização da empresa em seus processos produtivos, inicialmente, e somente depois definir prioridades em desenvolvimento de sistemas de informação e aquisição de recursos computacionais. Normalmente, surgem com prioridade os investimentos em automação industrial, principalmente em empresas do segmento de laboratórios farmacêuticos.

O aparente conflito entre a robotização e a flexibilidade da linha de montagem, na verdade, é decorrente de uma estratégia de gestão de pessoas que contempla a automação industrial em atividades de alta periculosidade e extrema insalubridade para os empregados da empresa. Ou seja, é uma estratégia de gestão de pessoas que evita o risco real para a saúde dos trabalhadores e proporciona maior qualidade na medida em que, também, se padronizam os produtos e estabiliza o processo produtivo.

A essência das estratégias de gestão com pessoas pode estar centrada na simplificação dos processos produtivos, aliada ao menor custo da mão-de-obra. Ou seja, ainda que a menor robotização signifique maior número de empregados, obtém-se menor custo de produção, diferentemente de outros países onde os salários dos trabalhadores chegam a representar até sete vezes mais que os pagos no Brasil para as mesmas funções da linha de montagem.

Outras estratégias alternativas de gestão de pessoas nesse tipo de empresa podem ser adotadas na forma de instrumentos de flexibilização da jornada de trabalho, banco de horas ou horas extras, novos turnos de produção e medidas trabalhistas correlatas.

Capítulo 12

DO ARTESANATO AOS SERVIÇOS

"A Nike é a empresa que tem a grande fama de ter a alma mais feminina do mundo corporativo", afirma a personagem de Helen Hunt em "Do que as mulheres gostam."

Essa afirmação da publicitária vivida por Helen Hunt sobre a Nike foi o mote da campanha da agência de publicidade para a conquista da conta dessa empresa, que enfrentava fortíssima concorrência da Reebok International, segunda maior fabricante de calçados atléticos dos EUA. Esse concorrente adotava como estratégia a venda de tênis para adolescentes urbanos, com o objetivo de subtrair vendas de sua rival de maior porte.

No passado, os bens eram artesanalmente produzidos e consumidos pela própria família que os fabricava. Ou, ainda, os trocava por outros bens produzidos por outras pessoas. Com o advento da Revolução Industrial e o surgimento das cidades, um novo mercado, mais sofisticado, surgiu para a troca de bens e mercadorias. Passou a demandar, ainda, serviços prestados por pessoas e empresas para atender à crescente procura por serviços dos mais variados tipos.

Empresas de serviços, como agências de publicidade e propaganda, conforme mostrado em "Do que as mulheres gostam", exemplificam essa característica. As organizações do setor de serviços, genericamente, são exemplos que se enquadram nesta metáfora. São aquelas prestadoras de trabalho às organizações dos outros setores econômicos (industriais e/ou comerciais) ou às que pertencem ao mesmo ramo de serviços. As organizações desse setor são as prestadoras de serviços provenientes de uma produção personalizada e, normalmente, heterogênea.

Como empresas prestadoras de serviços, tem-se uma infinidade de segmentos específicos dentro dessa categoria maior. Este capítulo aborda aquelas relativas a serviços: financeiros; altamente especializados; educacionais; e públicos.

"Mauá - o imperador e o rei" aponta um exemplo de empresa de prestação de serviços emblemática ao ilustrar a trajetória de uma casa bancária ao longo do tempo, no Brasil imperial. O filme ressalta a influência do governo, uma variável legal presente nas organizações do setor bancário, taxando os produtos ingleses, importados, e criando uma lei de incentivo à instalação industrial no Brasil. Enfatiza o comércio do negro, considerado mercadoria valiosa. Em contraposição, ocorre a decadência da economia do açúcar.

O enredo traça a saga de Irineu Evangelista de Souza, desde seu nascimento até a morte, como Barão e Visconde de Mauá, um dos homens mais ricos do Brasil. Sua riqueza chega a ser maior do que o orçamento do Império, tanto em termos monetários como em terras, que incluem latifúndios em plena floresta amazônica. Daí a expressão popular da época para designar a influência econômica poderosa do personagem, de que no Brasil havia o imperador (Dom Pedro) e o rei (Barão de Mauá). Aos 9 anos, prestava pequenos serviços no armazém do Sr. Pereira de Almeida, e aos 15 já ocupava o cargo mais importante da empresa. Um banqueiro e investidor escocês com casa bancária no país, impressionado com sua sagacidade, contrata-o para trabalhar em sua firma, para deixá-lo, aos 22 anos, à frente dos negócios. Aos 30, casou-se com sua sobrinha, e logo após construiu a primeira indústria brasileira. O primeiro de uma série de empreendimentos, que lhe valeram os títulos de nobreza, ao mesmo tempo que seu poder despertou a oposição, tanto da corte como de capitalistas ingleses. Esses confrontos, que culminaram com uma falência humilhante, não foram suficientes para abater a ousadia e tenacidade desse empreendedor, que, aos 60 anos, ainda se recuperou, saldando todas as dívidas. Ele foi o responsável por colocar o país no rumo do progresso industrial, iniciando uma fase que provocava, já naquele tempo, agressões ao meio ambiente.

A economia do Brasil imperial, essencialmente agrícola, era movimentada à custa da escravidão e da nobreza do governo reinante. Mauá combate a escravidão e seus empreendimentos prosperam sem a utilização da mão-de-obra escrava. São da época a abertura de banco brasileiro no Uruguai, a influência da Guerra do Paraguai no contexto interno, as transações cambiais, financeiras e industriais com a Inglaterra, dentre outros fatores presentes na internacionalização da economia brasileira.

O filme realça a fase em que o homem vivencia um tempo em que os recursos financeiros são mais importantes do que a própria vida humana. Um devedor se suicida dada sua impossibilidade de pagar suas dívidas à Casa Comercial Pereira de Almeida, em função da desonra trazida pela situação e da ética de saldar dívidas como valor da época. A negociação profissional e a questão ética são enfatizadas como valor humano a ser preservado. Da mesma época são a elaboração de um inovador código comercial, a construção da primeira ferrovia, iluminação pública a gás, indústria têxtil, dentre outros empreendimentos que influenciaram o país. Tais iniciativas, além do progresso econômico, trouxeram os primeiros impactos ambientais.

Essa produção evidencia, ainda, manobras especulativas, que já faziam parte do sistema, no mercado financeiro que se confrontam com as questões éticas, de parceria e de responsabilidade social corporativa que devem prevalecer nas atividades empresariais. A casa bancária destaca:

a) existência de barreiras institucionais e legais à entrada de novas instituições (necessidade de autorização governamental para a abertura de novas organizações);

b) elevada regulamentação estatal (ou seja, a variável legal se faz sentir de forma extrema a partir da fixação de taxas de juros, percentual do total de depósitos dos clientes em conta corrente a ser mantido obrigatoriamente sem aplicação na forma de depósito compulsório);

c) a competição básica é via lançamento de novos serviços financeiros, em busca da conquista de novos clientes;

d) significativo volume de investimento e de capital para entrada no setor.

Características das empresas de serviços

É um setor cuja rentabilidade está diretamente vinculada às macropolíticas econômicas, em que períodos de alta inflacionária estão associados às altas margens de rentabilidade, ou, alternativamente, em períodos normais da economia, rentabilidade baseada na intermediação financeira e expansão de suas operações normais.

Esse segmento no setor bancário é composto por poucas instituições financeiras, com alta concentração de capitais e forte regulamentação governamental, restringe a concorrência, influenciando o nível do *spread* bancário e a própria rentabilidade neste setor. Ou seja, o nível do compulsório, riscos de inadimplência e concentração do mercado financeiro em poucas organizações induzem as instituições financeiras a buscar maiores margens de lucro sobre menores volumes financeiros e quantidades de clientes. O setor sofre extrema regulamentação governamental, com instituições com alto nível de capitalização em relação aos riscos assumidos, o que não é exigido de nenhum outro setor da economia.

O incremento das fusões e aquisições (como as ilustradas no filme "Uma linda mulher" e "Wall Street: poder e cobiça"), captação de recursos externos, bem como a tendência de privatização da economia, influenciam sobremaneira o desempenho do setor como um todo. Nesse cenário de concentração de instituições que atuam mais no varejo financeiro, os bancos de pequeno e médio porte que não encontrarem um nicho de mercado (atuação em determinados segmentos, como financiamentos, investimentos e outras alternativas no atacado) tendem a ser absorvidos pelos maiores.

Os bancos estrangeiros e os de médio porte, enfim, se não encontrarem um nicho de mercado para uma atuação diferenciada que resulte em rentabilidade, tendem a ser absorvidos pelas instituições de grande porte em direção, provável, da redução do *spread* e das tarifas de serviços.

Essa abordagem fica claramente ilustrada em "Wall Street". Nesse filme, contextualizado em uma corretora de valores, Bud Fox (Charlie Sheen), um dos executivos de contas, resolve se tornar profissional bem-sucedido. Bud tem uma certa admiração profissional pelo megainvestidor Gordon Gekko (Michael Douglas). Este, impressionado com o desempenho de Bud, transforma-o em seu *staff* de confiança e ensina-lhe todas as nuances do mercado de capitais. Bud, agindo não-eticamente, obtém informações privilegiadas que o levam a assumir o controle acionário de uma empresa aérea, a Blue Star.

Após incorporar a companhia aérea, Gekko resolve se desfazer dos seus ativos vendendo os equipamentos/aviões em partes e, com isso, demite todos os funcionários da empresa. É o início de uma escalada sem fim de aquisição de controle acionário de empresas deficitárias através da compra de ações no mercado de capitais.

Tais transações financeiras, visando apenas o lucro, provocam demissões de pessoas e liquidações de empresas. Gekko, o financista, é seguidor da filosofia de negócios e estratégia empresarial prescrita em *A arte da guerra*, de Sun Tzu, e ensina-a a Bud Fox. O filme é uma lição empresarial que ilustra a força da informação financeira como recurso estratégico para a tomada de decisões empresariais.

Dessa constatação, infere-se que o ambiente externo ou mercado é um fator contingencial que estabelece parâmetros, limites, propostas e desafios que têm de ser interpretados e se tornar significativos, de acordo com a escala de valores da empresa. É através da construção da realidade pela organização que os parâmetros e desafios do mercado adquirem significados e estruturam decisões e ações, que serão favoráveis ou não, compensadoras ou prejudiciais, conforme o nível de ajustamento daquela construção aos limites e ação seletiva do meio ambiente.

Essa influência do meio ambiente na organização pode ser visualizada na Fig. 8, relativa à empresa mostrada no filme "Chocolate".

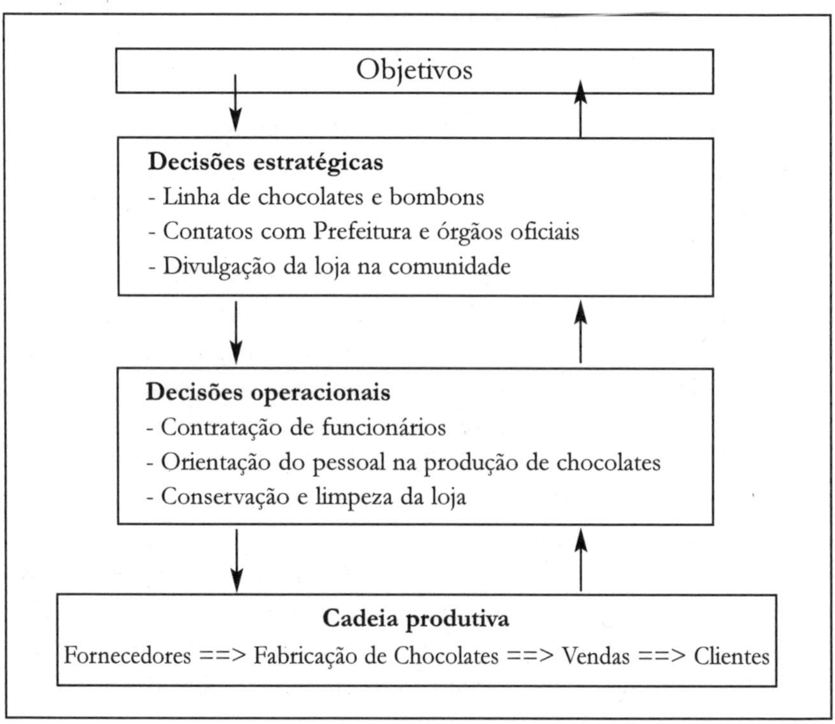

Fig. 8: Hierarquização das decisões

Essa empresa, conforme detalhado no enredo do filme, evolui do artesanato de seus produtos caseiros (atividade industrial), passando pelo exercício de atividades comerciais na *bonbonnière* até chegar ao foco maior, que é a prestação de serviços aos seus clientes.

Estratégias e gestão com pessoas

Os bancos, um dos tipos de empresa do setor de serviços, levam cada vez mais produtos e atendimentos, incluindo a abertura de contas, ao comércio e aos serviços (a maioria das contas é paga via casas lotéricas, outra parte vai para débito automático e o restante dos que pegam fila é alternativa para atuação dos correspondentes bancários em cidades do interior). Tais instituições financeiras adotam esta estratégia com bastante freqüência, principalmente no interior, utilizando farmácias, padarias, mercearias, supermercados e postos dos Correios (função de correspondentes bancários), além das já tradicionais lotéricas, ligadas à Caixa Econômica Federal. Esta estratégia substitui a tradicional presença de bancos comerciais em municípios cujo pequeno número de habitantes torna inviável, economicamente, a abertura de novas agências bancárias.

Estratégia semelhante de descentralização e terceirização de produtos e serviços bancários tem sido adotada pelos bancos que, em parceria com redes de supermercados (que oferecem outros serviços aos clientes, como pagamentos de contas de água, luz, telefone, e outros públicos, de prefeituras e concessionárias estaduais e municipais), possibilitam a integração de cidadãos sem conta corrente, além de reduzir custos operacionais e diminuir as filas nas suas tradicionais agências.

Este movimento ocorre, também, em direção ao pequeno mercado do varejo (lojas varejistas, farmácias, mercearias, padarias e comércio em geral), para que este possa oferecer mais um serviço à freguesia na forma de recebimento de contas de água, luz, telefone e, inclusive, taxas e impostos municipais (possibilidades de convênios entre esses varejistas e concessionárias de serviços estaduais e municipais em municípios interioranos).

Agências dos Correios, principalmente em cidades do interior (sobretudo entre aqueles que não têm conta bancária), atuam como correspondentes bancários do Bradesco, onde um terminal faz depósitos, saques, abertura e pagamento de contas. O mesmo acontece entre redes de supermercados e bancos comerciais, destinado ao público de menor poder aquisitivo, para receber contas em nome do banco conveniado.

No setor de serviços financeiros, as organizações, normalmente, têm possibilidades de implementar estratégias de gestão de pessoas com ênfase em salários e benefícios, bem como contemplando de forma privilegiada as relações trabalhistas em sua esfera de atuação. Bancos como Banco do Brasil, BankBoston, Citibank e Itaú investem em clima organizacional para a melhoria da produtividade e qualidade de vida de seus colaboradores. Clube, premiação aos melhores funcionários, programas e palestras de qualidade de vida, móveis ergonômicos, ginástica laboral fazem parte de suas estratégias de gestão com pessoas. Atividades de educação corporativa são desenvolvidas na própria organização, com foco na necessidade de transmissão de novos conhecimentos ao pessoal de suas agências bancárias, advindo dos constantes lançamentos de novos produtos.

Por outro lado, a adoção de outras estratégias corporativas, voltadas à descentralização do atendimento de clientes, e de tecnologias de automação bancária e da informação aplicadas à integração com os clientes (pessoas físicas e jurídicas) exigem estratégias de preparação da mão-de-obra do nível operacional para fazer frente a tal abordagem empresarial.

A película "A firma" exemplifica bem esse tipo de empresa, na figura do advogado (vivido por Tom Cruise), como exemplificado nesta obra.

As empresas do setor de serviços especializados têm por vocação a implementação de políticas de gestão com pessoas voltadas à capacitação gerencial, educação continuada e em direção à formação de um banco de dados de talentos. Em sentido genérico, são induzidas a utilizar estratégias de recrutamento de forma mais ampla do que mero recrutamento local de mão-de-obra ante a necessidade de pessoal mais qualificado e especializado. É o tipo de empresa que, em alguns casos, permite o recrutamento e a seleção de pessoal especializado proveniente de outros países. O meio ambiente no qual estão inseridas essas organizações se caracteriza por ser altamente imprevisível, com intensos avanços tecnológicos, possibilidades ilimitadas de mercado e altíssimas exigências de mudanças em face da inovação e de novas demandas de mercado.

A terceirização dos recursos especializados se faz sentir de forma bastante acentuada neste tipo de organização. Empresas de engenharia e consultiva, por exemplo, podem adotar essa estratégia, contando para isso com arquitetos, engenheiros, projetistas e demais profissionais similares subcontratados por tempo determinado ou por projetos específicos. Isso exige estratégias de gestão específicas.

As empresas pertencentes ao setor de serviços especializados tendem a adotar como parte de sua estratégia de gestão programas de incentivo de longo prazo, para retenção de executivos e de seus profissionais qualificados e ênfase estratégica na formação e especialização de sua mão-de-obra. Pressionadas pelas agressivas empresas virtuais e por um mercado cada vez mais ávido e carente de profissionais qualificados, as empresas deste setor são direcionadas a outros recursos, como a opção de compra de ações, concessão de bônus, participação nos lucros, prêmio-incentivo e outras modalidades que complementam a remuneração salarial. Essa estratégia tende a resultar em menor índice de rotação de pessoal e em maior motivação e produtividade empresarial.

Um tipo de organização prestadora de serviços pode ser observado no filme "O amor é contagioso", em que o médico Patch Adams (interpretado por Robin Williams), pautado no humor, enfrenta a instituição (no caso, o hospital) que recrimina seu excesso de felicidade ao levar aos doentes a alegria. Para seguir seus conceitos, ele cria um empreendimento, na forma de clínica médica, e compõe seu corpo técnico com médicos e enfermeiros voluntários. Como já vimos, esta iniciativa serviu de inspiração para o surgimento de vários grupos "Doutores da Alegria", que se espalharam pelo mundo, inclusive no Brasil. Seu enfoque filosófico é evitar que o paciente seja tratado como cliente de loja, que "compraria" receita de remédios ou alguma intervenção cirúrgica.

A implementação de estratégias de negócios neste tipo de organização hospitalar costuma guardar estreita correlação com a estratégia de configuração organizacional. Em um hospital típico, tem-se como alicerce de seu modelo de gestão de negócios uma configuração organizacional que contempla quatro níveis de funções: diretoria, gerência, coordenadores de equipe e membros de equipe.

Recomenda-se que as estratégias de negócios priorizem as atividades-fim da organização, compostas pelas funções nas áreas clínica, cirúrgica, enfermagem e demais atividades de apoio técnico. A identificação dessas atividades, que são convergentes com a missão de qualquer hospital, é fundamental para enfatizar os objetivos corporativos.

Posfácio

A razão de escrevermos este livro originou-se da constatação de que obras no contexto da realidade brasileira sobre gestão com pessoas são significativamente escassas. E por que gestão com pessoas e não gestão de pessoas, como sucedâneo natural da tradicional administração de recursos humanos? Procuramos encontrar respostas a essa indagação ao longo desta obra. Essas podem estar relacionadas ao cenário futuro, à economia e ao mundo do trabalho com o advento do comércio eletrônico e do ambiente de negócios virtual. Dizem respeito às regras de relacionamento entre a organização e suas empresas fornecedoras e clientes. No contexto interno das organizações, analisamos os reflexos de mutações organizacionais, como teletrabalho, recrutamento *on-line*, portal corporativo na internet, treinamento virtual (*hit-tech*) e ensino a distância (*e-learning*) no comportamento das pessoas. Procuramos, ainda, responder à questão associada à gestão do conhecimento e estratégias de remuneração centradas nas pessoas e novos conceitos que transformam a tradicional administração de recursos humanos e exigem um novo tipo de mão-de-obra.

Se reflexões forem feitas sobre a evolução da ordem econômica mundial e sobre a trajetória da teoria das organizações, podem-se encontrar outras explicações. Da análise desenvolvida neste livro, pudemos constatar que as teorias evoluem para um contexto de maior valorização das pessoas. Mudanças organizacionais no âmbito da conjuntura econômica nacional têm provocado redefinições no modo de gerenciar a organização, com a participação direta dos seus colaboradores em diferentes níveis decisórios. Ao longo da história econômica, nada mudou mais nos últimos séculos de vida humana do que o universo do trabalho. A grande maioria das atividades empresariais, atualmente praticadas, não existia tempos atrás. O exemplo maior é o declínio das atividades da agricultura, que passaram a dar lugar aos agronegócios com a aplicação de inovadores recursos tecnológicos (produtos geneticamente modificados, tratores, colheitadeiras, irrigação e outros equipamentos de mecanização), fazendo a produtividade da mão-de-obra crescer exponencialmente. A mecanização e a automação, entretanto, não constituem na maior mudança dos novos tempos. A grande transformação repousa no fato de ter sido criado um novo mundo do trabalho a partir do surgimento das fábricas, no século 18, e, com elas, uma grande massa de empregos remunerados.

O desenvolvimento industrial, no fim do século 19, nos países ocidentais levou à necessidade de aperfeiçoamento dos princípios tradicionais da organização e deu continuidade ao desenvolvimento do capitalismo nas primeiras décadas do século 20, o que resultou no surto industrial, que vem até os dias de hoje. Foi exatamente após esse surto e os posteriores avanços científicos que se esboçaram os primeiros trabalhos sobre os efeitos da poluição gerada por minas e fábricas, tratados basicamente sob o enfoque da saúde dos trabalhadores.

Foi nesse ambiente que se viabilizou o aparecimento de uma nova visão das organizações em termos de relações humanas, responsabilidade social e ambiental. Nela, defendia-se o pressuposto de que as organizações não poderiam ser as máquinas definidas pela Escola Clássica. Todavia não existia uma quebra total com os princípios clássicos, e é nessa época que surge a preocupação com a responsabilidade social no contexto das organizações.

Embora haja alguma dificuldade em considerar o Movimento das Relações Humanas como uma escola de pensamento, existem alguns temas comuns a todos os pesquisadores analisados. Existia a quase total rejeição do tipo de organização mecanicista e racional defendida pela Escola Clássica.

O Modelo das Relações Humanas tornou-se muito popular nos anos 50 e 60, quando se sublinhava a importância do homem e se rejeitava a concepção do trabalhador como peça de uma máquina. Contudo foi alvo, desde o seu início, de críticas, como de certa corrente que rejeitava o argumento de que os incentivos não-materiais pudessem ter uma importância maior que os incentivos de caráter pecuniário. Criticava-se, ainda, a falta de cientificidade das propostas da Escola de Relações Humanas, apresentadas mais como fórmulas mágicas de resolver os problemas do trabalho.

São dessa época as primeiras preocupações da comunidade com a crescente degradação ambiental, provocada pela ação humana, em todo o mundo. Entretanto, tal movimento de preservação da natureza fica restrito à proteção da flora e da fauna e das espécies animais e vegetais. Iniciava-se a consciência das implicações das atividades produtivas sobre os seres vivos e o meio ambiente (qualidade do ar, do solo, das águas e conservação dos recursos naturais).

Na Teoria da Contingência adotava-se uma perspectiva diferente, com base na premissa de que as organizações são sistemas abertos, cujo funcionamento dependia de variáveis situacionais. A teoria contingencial evidenciou ser atraente por uma série de razões. De início, mostrou ser adequada a um tempo de mudança tecnológica e de rápido crescimento e, em segundo lugar, era simples de entender e aplicar. Adicionalmente, tratava-se de uma abordagem racional, procurando correlacionar a estrutura com variáveis contingenciais (dimensão, tecnologia e ambiente). A teoria contingencial reintroduz, assim, a noção de racionalidade nas organizações. Este foi igualmente objeto de críticas. A princípio, não se conseguiu com sucesso relacionar estrutura e performance. Ao examinar a relação entre estrutura e contingência, os investigadores partem de um tipo de organização formal; ora, nem sempre esta existe, já que os objetivos são pouco claros e podem mesmo ser contraditórios. As organizações são bem mais complexas do que assume a teoria de contingência. É necessário encarar as organizações como sistemas sociais com culturas próprias e atravessadas por conflitos entre indivíduos e grupos, cada um lutando para conseguir seus próprios objetivos.

O modelo contingencial assumia a racionalidade das estruturas de normas e da autoridade formal, as quais respondiam às influências macroambientais. Ao contrário, a dimensão política acentua a importância dos atores individuais e coletivos, os quais desenvolvem comportamentos e estratégias que estruturam também o funcionamento das organizações. A estrutura organizacional deixa de ser resultante das variáveis ambientais, tecnológicas ou de mercados. Nesse contexto, a eficiência de uma organização é modelada predominantemente pela capacidade de definir internamente estratégias, criar estruturas e tomar decisões com vista à otimização dos seus resultados.

Até a década dos 60, prevalece a convicção de que seriam infinitas as fontes de recursos naturais e que o livre mercado maximizaria o bem-estar social. Como a teoria econômica convencional tratava apenas da alocação de recursos escassos, e a natureza não era considerada fator de limitação, esse paradigma considerava o meio ambiente irrelevante para a economia. Apesar do absurdo de se raciocinar dessa forma nos dias de hoje, percebe-se, ainda, a predominância desse conceito em certos segmentos significativos da sociedade.

Na década de 90, o conceito de desenvolvimento sustentável se consolida a partir da constatação de que os sistemas naturais do planeta são limitados para absorver os efeitos da produção e do consumo. Fica clara a inviabilidade de se manterem as políticas econômicas causadoras de danos ambientais irreversíveis, bem como a necessidade de um sistema de produção que respeite a obrigação de preservar a base ecológica do desenvolvimento econômico do país. A necessidade de fazer mudanças e aumentar a competitividade suscitou o aparecimento das mais diversas abordagens destinadas a solucionar crises organizacionais, e os novos tempos passaram a se caracterizar por uma rígida postura dos clientes voltada à expectativa de interagir com organizações que fossem éticas, com boa imagem institucional no mercado, e que atuem de forma ecologicamente responsável. A globalização da economia, universalização de problemas ambientais, ação organizada de grupos ambientais e de consumidores, programas de selo verde como iniciativa governamental, ou não, e respostas organizadas de setores econômicos (normas e critérios próprios) marcam a primeira década deste século 21.

O presente livro, embora não ofereça respostas a todas as indagações possíveis, propõe que as organizações sejam gerenciadas com as pessoas como colaboradoras, e não apenas como meras peças na engrenagem corporativa. Migra-se, neste contexto, para uma nova perspectiva denominada, nesta obra, gestão com pessoas. As pessoas que trabalham nas organizações devem ser consideradas muito mais do que simples recursos, pois delas dependerão os resultados da empresa. As mesmas, embora rotuladas como "empregados" por força da legislação trabalhista, deveriam ser consideradas como efetivas colaboradoras, que atuam nos diferentes níveis do processo decisório das organizações.

A gestão com pessoas, com o advento da estruturação das organizações por processos e uso intensivo das tecnologias da informação, pode proporcionar a eliminação das barreiras internas, possibilitando com isso que gestores e colaboradores trabalhem em equipe. Tais mudanças levariam ao surgimento de um novo modelo de gestão das organizações, baseado num módulo central composto de pessoal estratégico e, fora deste núcleo, numa mão-de-obra não-especializada que a complementa. O conjunto central dessa nova forma de gerenciar as empresas, constituído por executivos e pessoal especializado, grupo que diminuiria cada vez mais, se comporia de empregados em tempo integral, condição permanente e posição essencial para o futuro de longo prazo da organização. De forma acessória neste modelo, ter-se-ia o pessoal menos especializado, que seria contratado em regime parcial e temporário no mercado de trabalho e nas empresas prestadoras de serviços terceirizados.

Essa evolução do conceito de posto de trabalho, com seu respectivo processo de recrutamento, contratação, classificação, remuneração e demais relações trabalhistas, afeta o conceito tradicional de qualificação. Nesse modelo pós-taylorista, em que a noção de qualificação para um posto de trabalho ou emprego fixo está sendo substituída pela noção de competência profissional, esse novo paradigma permitiria concentrar a atenção muito mais sobre a pessoa do que sobre o posto de trabalho, possibilitando, em conseqüência, associar as qualidades requeridas dos indivíduos a diferentes formas de cooperação e de trabalho em grupo, para fazer frente aos novos requisitos da vida profissional nas organizações. Permitiria, ainda, alinhar as estratégias de gestão com pessoas com os objetivos corporativos e respectivas estratégias de negócios da organização.

Instrumentos de gestão e princípios recentes relacionados à responsabilidade social corporativa, tecnologia e sua influência sobre a natureza do trabalho foram tratados em tópicos específicos que permeiam toda a obra. Nesse contexto, e como decorrência da falta de ética em eventos envolvendo conhecidas empresas, a responsabilidade social e a governança corporativa ganham importância crucial como alternativa para minimizar riscos de futuros desastres corporativos.

As organizações, para prevenção de eventos que degradam sua imagem, devem procurar, no futuro, adotar ações de governança corporativa para preservar em bom conceito seu relacionamento com seus acionistas, investidores e a comunidade. A própria Organização para a Cooperação e o Desenvolvimento Econômico - OCDE recomenda que as organizações, públicas e privadas, adotem princípios focados na transparência de suas ações. O balanço social como uma ferramenta ainda pouco utilizada pelas empresas, embora a quantidade de publicações cresça ano a ano, se insere nesse contexto de transparência e disseminação de informações com seus diferentes públicos.

Alguns filmes comentados nesta obra sintetizam a importância do planejamento em gestão empresarial com ética e responsabilidade social corporativa. O trabalho em equipe, além de outros aspectos conceituais detalhados neste livro, foi destacado, na forma de metáfora, como característica fundamental para a melhoria do processo decisório em ambientes empresariais de alto desempenho. As histórias e casos dos filmes sugeridos fazem uma analogia com a capacidade das pessoas de se unir, como uma força de trabalho coesa, para tomar decisões e solucionar problemas organizacionais. No contexto desses filmes, projeta-se a idéia de que a qualidade de vida é fundamental e que a concorrência e a competição, por si só, não são mais sustentáveis no âmbito das organizações. As pessoas são colocadas para trabalhar febrilmente, sob pressão da eficiência, na forma de redução do tempo despendido das atividades exercidas. A produtividade e a preocupação com a compressão do tempo são enfatizadas em alguns filmes em detrimento da qualidade de vida, da degradação ambiental e das questões de ética e de responsabilidade social. Os mesmos instigam reflexões sobre as necessárias mudanças de prioridades nas organizações, com a eliminação ou o afastamento das atividades que causam pressão sobre o ser humano, por outros valores como a ética, qualidade de vida, desenvolvimento sustentável, projetos comunitários e interação maior entre os seres humanos. Fica evidente, metaforicamente, que o comportamento do ser humano é função direta do meio ambiente que o cerca. São filmes, positiva ou negativamente, relacionados a um novo contexto econômico e caracterizados por uma rígida postura dos clientes com organizações que sejam éticas, com boa imagem institucional no mercado e que atuem de forma socialmente responsável. Um filme, em geral, tem um personagem forte e relacionado a uma história de impacto; o roteiro determina com clareza o que move o personagem principal e os coadjuvantes. A tecnologia pela tecnologia é destacada com uma reflexão: "A tecnologia é a resposta, mas qual foi a pergunta?" O trabalho em equipe é enfatizado, na forma de metáfora, como uma característica fundamental para a melhoria do clima organizacional nos ambientes empresariais de alto desempenho.

Os filmes apresentados não fazem parte de uma lista dos melhores ou de sucessos de bilheteria, mas, certamente, constituem referência para empresários e executivos extraírem princípios aplicáveis ao seu dia-a-dia nas organizações. São conceitos de gestão empresarial, baseados em enredos de filmes, reais ou fictícios, que podem fazer parte integrante, inclusive, de programas de MBA e de currículos das escolas de administração. O leitor, adotando-os como referência, pode descortinar um universo de filmes sobre os mais variados temas e relacioná-los ao mundo corporativo.

Apêndice A

RESENHAS E ÍNDICE REMISSIVO DOS FILMES

Adorável professor: Mr. Holland; A firma; A história de uma fraude - o caso Enron; Ameaça virtual; Apolo 13 - do desastre ao triunfo; Até o limite da honra; Chocolate; Com o dinheiro dos outros; Do que as mulheres gostam; Doze homens e uma sentença; Erin Brockovich; Mauá - o imperador e o rei; Mestres dos mares - o lado mais distante do mundo; Minority Report: a nova lei; Monstros S. A.; O Náufrago; O amor é contagioso; O informante; O gladiador; O sucesso a qualquer preço; O último samurai; Piratas da informática; Tempos modernos; Tróia; Tucker - um homem e seu sonho; Uma linda mulher; Wall Street: poder e cobiça. Outros filmes.

Os filmes, como estratégia didática, devem ser trabalhados como um processo, em vez de serem utilizados como simples resposta a um determinado tema.

Os números entre parênteses referem-se às páginas em que o filme é citado no texto.

"A firma" (10, 34, 50, 51, 53, 55, 69, 70, 81, 84, 86, 100, 103, 111, 156)

Com Tom Cruise e Gene Hackmann

CONCEITOS-CHAVE: planejamento de carreira; recrutamento e seleção; benefícios; treinamento de integração; clima organizacional; e responsabilidade social.

É a história de um brilhante e ambicioso advogado (Tom Cruise) recém-formado na mais conceituada faculdade de Direito do país. A liderança exercida pelo diretor-presidente, principal gestor desse escritório de advocacia, é do tipo paternalista, que objetiva transformar a firma em uma grande família para seus empregados. É um enfoque conservador, ainda presente na administração de recursos humanos das organizações empresariais. Mitch enfrenta forças que não se detêm diante de nada para proteger os interesses da firma. Daí surgem a crise de identidade e a decisão de observar as questões éticas e de responsabilidade social corporativa, que são convergentes com sua escala de valores. A questão dos impostos pagos pelas empresas-cliente, e que o escritório de advocacia defende, enfrenta a ética e a legislação vigente, que permeia o planejamento tributário corporativo no mundo dos negócios.

"A história de uma fraude - o caso Enron"

(50, 51, 52, 55, 69, 70, 102, 111)

CONCEITOS-CHAVE: planejamento de carreira; recrutamento e seleção; treinamento de integração; estratégias de cargos e salários; clima organizacional; globalização e internacionalização dos mercados; escola das relações humanas; governança corporativa; ética; e responsabilidade social.

O filme ilustra a administração de recursos humanos na forma tradicional. Uma das empresas de energia líderes dos EUA, a Enron mantinha-se no topo graças aos lucros inflados artificialmente, o que fazia com que suas ações fossem progressivamente valorizadas na Bolsa de Valores. Com isso, as ações e, conseqüentemente, o patrimônio da empresa estavam sempre acima da média do mercado, permitindo que seus acionistas, diretores e empregados tivessem sua riqueza pessoal aumentada constantemente. Com a descoberta da fraude empresarial, tornada pública pela Comissão Nacional de Fiscalização da Bolsa de Valores, a Enron fecha suas portas, colocando na rua milhares de pessoas que confiaram na organização e nela depositaram suas economias e futuro profissional. Esse filme mostra (na forma de antimodelo) o que não deve ser todo o ciclo de gestão, desde o recrutamento, seleção, contratação, treinamento, estratégias de remuneração salarial, crenças e valores, clima organizacional até o desligamento de pessoas da organização.

"Adorável professor - Mr. Holland" (49, 50, 93)

Com Richard Dreyfuss

CONCEITOS-CHAVE: mudança organizacional; liderança; treinamento; e trabalho em equipe.

História de Glenn Holland (Richard Dreyfuss), professor de música de uma escola de segundo grau, colégio John F. Kennedy, nos EUA. Como professor, vive às voltas com problemas de conciliar a docência, correção de provas e administrar o processo ensino-aprendizagem em termos de proporcionar conhecimento aos alunos e estabelecer limites às suas mentes para uso desses conhecimentos. A partir dos maus resultados no aproveitamento do aluno e de críticas de seus superiores hierárquicos, muda a estratégia de ensino procurando contextualizar suas aulas com temas de agrado e maior contemporaneidade para os alunos. Holland promove parcerias e mudanças organizacionais visando a realização de espetáculos musicais para a comunidade. Com isso, consegue arrecadar recursos financeiros que equilibram a situação econômica da instituição de ensino. O filme representa uma lição em termos de estratégias empresariais, alianças e parcerias e intra-empreendedorismo.

"Apollo 13: do desastre ao triunfo" (10, 58, 87)

Com Tom Hanks e Ed Harris

CONCEITOS-CHAVE: liderança; inovação tecnológica e métodos de trabalho; planejamento corporativo; trabalho em equipe; e treinamento.

Avalia que um empreendimento, qualquer que seja a área de atividade, necessita de planejamento cuidadoso para ser bem-sucedido. A deficiência do planejamento central, a cargo da Agência Nacional de Administração Aeroespacial (Nasa), é compensada pela engenhosidade e administração contingencial levada a cabo pelos tripulantes da espaçonave e pela equipe em terra. Tanto um quanto o outro deram um exemplo de liderança, sensata e profissional, durante a crise vivida pela missão espacial. Kranz e Jim Lovell (Tom Hanks), comandante da missão lunar da Apollo em 1970, não podem ser considerados indivíduos fora do comum. São pessoas confrontadas com um problema crítico, que só poderia ser resolvido com trabalho em equipe, perseverança e gestão equilibrada. Lovell, no decorrer da missão, coordena uma equipe submetida ao estresse mais catastrófico possível. A lição que se pode extrair do episódio: para obter a lealdade e o comprometimento de seus subordinados, os executivos precisam, antes de mais nada, conquistar a confiança deles. O filme, enfim, enfatiza o fator humano como centro das organizações (Escola das Relações Humanas).

"Até o limite da honra" (80, 90)

Com Demi Moore

CONCEITOS-CHAVE: trabalho em equipe; estratégias; liderança; treinamento e desenvolvimento de pessoal; administração científica; Escola Clássica.

Narra a história de uma oficial da Inteligência Militar, a tenente Jordan O'Neil (Demi Moore), que, após pressão de uma senadora de idéias aparentemente feministas, torna-se a primeira mulher num grupo de elite da Marinha americana (Navy Seals). O filme mostra a importância do treinamento para que uma organização militar atinja seus objetivos (que têm correlação direta com os objetivos corporativos das organizações empresariais). As questões de liderança, trabalho em equipe, ética e de responsabilidade social são enfatizadas como uma verdadeira lição de administração.

"Ameaça virtual" (51, 113)

Com Tim Robbins e Ryan Philippe

CONCEITOS-CHAVE: tecnologias da informação; ética; e responsabilidade social corporativa.

Gary Winston (Tim Robbins) acumula as funções de *chief executive officer* (CEO) e *chief information officer* (CIO) da Nurv, empresa de desenvolvimento de *software* no Vale do Silício, Califórnia, EUA. A Nurv monopoliza o mercado de *software*, particularmente o de sistemas operacionais de microcomputadores comercializados ao redor do mundo. A empresa é uma imagem da Microsoft, cujo sistema operacional Windows rivaliza com o sistema aberto Linux, que tem seu desenvolvedor também representado na história. Evidencia a influência das tecnologias da informação sobre a motivação e o desempenho das pessoas na organização.

Pode-se enquadrar como estratégico o desenvolvimento do sistema operacional Sinapse e como operacional a preservação do clima organizacional, o que não é observado na organização retratada no filme (os funcionários da empresa são relegados a segundo plano e considerados meros números de prontuário). Embora sejam operacionais, tais decisões afetam diretamente o nível das decisões estratégicas e, conseqüentemente, a obtenção dos resultados corporativos almejados.

"Chocolate" (22, 50, 56, 131, 139, 144, 154)

Com Juliette Binoche e Carrie-Ann Moss

CONCEITOS-CHAVE: liderança; trabalho em equipe; empreendedorismo; gestão de micro e pequenas empresas; criação de novos negócios; marketing; e atendimento ao cliente.

Vianne (Juliette Binoche) é uma empreendedora típica, que chega a uma tranqüila vila do interior da França disposta a abrir uma loja de chocolates afrodisíacos.

O fator significativo para seu sucesso foi o tratamento dispensado aos clientes. Esse filme mostra como uma pessoa com espírito de empreendedora e líder consegue ter êxito em seu negócio. Como negociante típica, Vianne tem produtos novos que são rejeitados no começo, mas, com as estratégias empresariais implementadas, consegue se firmar no mercado. Vianne obtém respeito e torna-se querida na comunidade. Ela evita trabalhar sozinha, pois sabe que ter pessoas ao seu lado é bom e pode ajudar em situações difíceis. O filme é uma verdadeira lição de empreendedorismo, trabalho em equipe, liderança e gestão de micro e pequenas empresas.

"Com o dinheiro dos outros" (31, 51, 52, 69, 100, 112, 147)

Com Danny De Vito e Gregory Peck

CONCEITOS-CHAVE: liderança; tecnologia e natureza do trabalho; finanças; globalização e internacionalização dos mercados; ética e responsabilidade social.

O filme conta a história da New England Wire & Telegraph (NEW&T), empresa do estado de Rhode Island (EUA) liderada por Andrew Jorgenson, seu presidente (Gregory Peck). A empresa vive uma certa crise econômica, apesar da momentânea subida das ações na Bolsa de Valores. Isso atrai a atenção do megainvestidor Lawrence Garfield (Danny De Vito), cujo escritório de empreendimentos e investimentos em Wall Street, centro financeiro de Nova York, vive em busca de oportunidades de negócios (investimentos, aquisições, fusões, cisões, incorporações e venda de empresas). Essa produção é uma lição sobre ética e responsabilidade social corporativa. Aborda, de forma didática, a estratégia financeira de uma empresa de trabalhar apenas com capital próprio sem recorrer a endividamento externo para financiar seu capital de giro.

"Do que as mulheres gostam" (19, 49, 52, 53, 56, 98, 99, 150)

Com Mel Gibson e Helen Hunt

CONCEITOS-CHAVE: liderança; trabalho em equipe; foco no cliente; e segmentação de mercado.

Dirigido por Nancy Meyers, a história se desenrola em uma agência de publicidade contratada como fornecedora de serviços da Nike para desenvolver uma campanha publicitária dirigida às mulheres. Nick Marshall (Mel Gibson), personagem central do filme, é um displicente diretor de criação da agência Sloane & Curtis, que vivia grave crise econômico-financeira. A diretoria da agência resolve contratar Darcy McGuire (Helen Hunt), renomada publicitária, para assumir o importante posto de diretora de criação, em substituição a Marshall, que é rebaixado, passando a ser um simples *staff* dela. A agência, nessa mudança de filosofia, consegue como novo cliente a poderosa Nike, fabricante mundial de calçados esportivos. A conquista da conta da Nike aparece, indevidamente, como idealizada e "vendida" por Marshall, o que valoriza e eleva seu *status* na empresa. Marshall leva a fama pelo negócio que "salvaria" a agência de publicidade da falência. O filme explicita conceitos de trabalho em equipe, liderança, atendimento a clientes, segmentação de mercado, comportamento do consumidor e gestão de empresas de serviços especializados.

"Erin Brockovich" (51, 60)

Com Julia Roberts e Albert Finney

CONCEITOS-CHAVE: gestão ambiental; gestão de empresa de serviços especializados; alianças estratégicas; parcerias; negociação empresarial; ética e responsabilidade social.

Uma história real centrada em Erin Brockovich (Julia Roberts) que, trabalhando em um escritório de advocacia, descobre, espontaneamente, um caso legal contra uma corporação gigante. O escritório (empresa de prestação de serviços especializados, conforme conceitos explicitados nesta obra) consegue importante vitória contra uma grande corporação causadora de significativo impacto ambiental, provocado pela contaminação química do solo (poluição do lençol freático da região) numa cidade interiorana dos EUA. As famílias da região são convencidas por Erin a entrar com processo contra a P.G.E., consubstanciado em um conjunto de provas que consegue reunir. O filme evidencia características e estratégias genéricas, normalmente presentes em uma empresa prestadora de serviços especializados. Bom exemplo de alianças estratégicas, negociação empresarial, gestão ambiental, ética e responsabilidade social.

"Mauá - o imperador e o rei" (24, 52, 151)

Com Paulo Betti e Malu Mader.

CONCEITOS-CHAVE: estratégias; negociação empresarial; macroeconomia; finanças; ética e responsabilidade social.

Conta a saga de Irineu Evangelista de Souza, desde seu nascimento até sua morte, como Barão e Visconde de Mauá, um dos homens mais ricos do Brasil. Sua riqueza chega a ser maior do que o orçamento do Império, tanto em termos monetários como em terras, que incluem até latifúndios em plena floresta amazônica. Daí a expressão popular da época para designar a influência econômica poderosa do personagem, de que no Brasil havia o imperador (Dom Pedro) e o rei (Barão de Mauá). O filme evidencia manobras especulativas, já existente naquele tempo, no mercado financeiro e as confronta com as questões éticas, de parceria e de responsabilidade social corporativa que devem prevalecer nas atividades empresariais.

"Mestre dos mares: o lado mais distante do mundo"

(53, 58, 94)

Com Russell Crowe

CONCEITOS-CHAVE: trabalho em equipe; liderança; planejamento; estratégias; gestão empresarial; treinamento e desenvolvimento de pessoal.

O filme evidencia, nas batalhas, o determinado capitão Jack Aubrey (Russell Crowe) que se mostra tão forte quanto o mastro de madeira brasileira de seu navio, o *HMS Surprise*. Navegador competentíssimo, grande estrategista de guerra e comandante que mistura austeridade, humor e justiça em doses absolutamente proporcionais, Aubrey também sabe muito bem colocar uma muralha de pedra entre ele e seu amigo quando se trata de exercer autoridade e a determinação necessária ao seu papel de líder junto a sua equipe. Mesmo que não seja para o bem imediato de todos, mas que, ao final, o risco tenha se transformado em sucesso. Para balancear este universo em guerra de poder contra as tropas de Napoleão, na verdade mostrada numa única cena de batalha, o filme centra a ação no mar. É uma lição de administração e gestão empresarial quando se faz analogia do comando e liderança da tripulação do navio *HMS Surprise* com a gestão de uma organização empresarial.

"*Minority Report*: a nova lei" (140)

Com Tom Cruise.

CONCEITOS-CHAVE: tecnologias da informação, ética, invasão de privacidade; teletrabalho; e responsabilidade social corporativa.

O enredo do filme projeta o poder das inovadoras tecnologias da informação, com grande ênfase para a computação onipresente que permeia toda a história vivida por Tom Cruise, no personagem John Anderton. O que se percebe também são outras características das novas tecnologias da informação em termos de ser embutida em objetos de uso rotineiro; capaz de ser transportada facilmente; adaptável para facilitar a operação por vários tipos de usuários; dispensar cargas de energia e banda larga; e sem falhas operacionais.

"Monstros S.A." (45, 46, 56)

CONCEITOS-CHAVE: gestão da qualidade; indicadores de desempenho; e gestão com pessoas.

Passado em Monstrópolis, uma próspera cidade industrial onde residem monstros de todos os tamanhos e formas. A empresa tem as melhores refinarias e pesquisas na área tecnológica. Entretanto, a cidade está em racionamento de energia com constantes apagões pré-programados. A Monstros S.A. investe pesado em marketing, e a cidade tem propaganda dela por toda a parte. Seu *slogan* é amplamente divulgado: "Monstros S.A., no susto e no grito nós fazemos bonito". Os empregados amam a organização e no dia-a-dia de sua rotina de trabalho procuram, através de competições, ultrapassar as metas estabelecidas no plano estratégico da empresa. Assistindo a esse filme, pode-se verificar que o planejamento é fundamental dentro de qualquer organização, e cabe a todos os funcionários, desde o presidente até o operário, agir visando atingir as metas estabelecidas. Esse é um importante fator que decidirá o sucesso ou o fracasso da empresa. Outro aspecto enfatizado na fita é o uso de indicadores de desempenho e de qualidade como métricas de controle, mas sem preocupação excessiva com metas quantitativas (intrínsecas em si mesmas).

"O amor é contagioso" (22, 50, 57, 68, 69, 102, 157)

Com Robin Williams

CONCEITOS-CHAVE: trabalho em equipe; qualidade de vida no trabalho; clima organizacional; empreendedorismo; administração hospitalar; gestão de instituições de ensino; e liderança.

História verídica de Patch Adams (personagem vivido por Robin Williams), um médico que não parece, não age e não pensa como qualquer médico que você já conheceu. Esse filme retrata a vida de um profissional da saúde e reflete, principalmente, a organização de um hospital típico. Para Patch, o humor é o melhor remédio e ele está disposto a quase tudo para que seus pacientes riam, até mesmo a colocar em risco sua carreira. Serviu de inspiração para o surgimento de vários grupos Doutores da Alegria, espalhados pelo mundo. No Brasil, temos o Doutores da Alegria como seguidor desta abordagem de tratamento médico. Seu enfoque filosófico é evitar que o paciente seja tratado como cliente de loja, um mero número de prontuário, onde o médico somente tem retorno financeiro se receitar remédios ou fizer alguma intervenção cirúrgica. O filme retrata a ausência de preocupação da direção dos hospitais tradicionais pelo aspecto da qualidade no processo de atendimento médico-hospitalar.

"O informante" (10, 52, 53, 60)

Com Al Pacino, Russel Crowe e Cristopher Plummer

CONCEITOS-CHAVE: ética; responsabilidade social; gestão com pessoas; inovação tecnológica; e administração pública.

História com foco na responsabilidade social corporativa, de Jeffrey Wigand (Russel Crowe), que exercia a função de vice-presidente de Pesquisa da Brown & Williamson, empresa do setor de tabaco. Esta, terceira maior produtora de cigarros do país (EUA), como outras do setor, se caracteriza pela cultura da produção e comercialização de cigarros em grande escala visando as altas margens de lucro proporcionadas pela venda deste produto antiético. Fica evidente o conflito entre o papel de homem de negócios (executivo e empresário) e a função técnica do homem de notícias, presente em qualquer tipo de organização. É destacada, ainda, a importância da evidenciação externa das atividades empresariais que devem ser éticas e com responsabilidade social. A informação como ativo de importância estratégica é enfatizada em seu processo de transformação de dados, decorrentes de observações do ambiente empresarial, com a aplicação do raciocínio da mente humana através da reflexão, síntese e contexto sociopolítico, que a transforma em informação e conhecimento.

"O gladiador" (10, 58, 89, 90)

Com Russell Crowe e Rex Harris

CONCEITOS-CHAVE: trabalho em equipe; estratégias; liderança; treinamento e desenvolvimento de pessoal; administração científica; Escola Clássica.

O filme enfatiza a implementação de estratégias militares, a partir das quais nasceram as estratégias empresariais. Coloca em evidência, ainda, os meandros do poder político que influenciam as decisões do alto comando de uma organização (no caso o Império Romano). São os conceitos da Escola de Relações Humanas, positiva ou negativamente, evidenciados no filme. É uma questão que tem paralelo com o mundo dos negócios, onde o trabalho em equipe, as estratégias empresariais, o poder e cultura organizacional se fazem presentes na cotidiana "arena" das organizações dos tempos atuais.

"O náufrago" (109)

Com Tom Hanks e Helen Hunt

CONCEITOS-CHAVE: qualidade de vida no trabalho; clima organizacional; planejamento de carreira; recrutamento e seleção; treinamento e desenvolvimento de pessoal; e planejamento corporativo.

Chuck Noland (Tom Hanks) é uma espécie de supervisor de entregas da FedEx (Federal Express). É extremamente preocupado com o tempo das entregas, age como um escravo do relógio. Essa personalidade obsessiva pelo trabalho faz com que ele se torne excessivamente autoritário para com os demais entregadores da empresa. Para atingir sua plena capacidade de trabalho, o ser humano precisa estar centrado e harmonizado, utilizando plenamente todas as suas faculdades e todo o seu potencial. Nos tempos atuais, talvez esse seja o maior desafio para as pessoas, e cada uma delas deve encontrar seu caminho, pois as possibilidades são infinitas; cabe ao indivíduo a responsabilidade por suas escolhas. Às organizações, no entanto, compete estruturar e gerenciar programas e ações que levem seus colaboradores a se conscientizar desta necessidade.

"O sucesso a qualquer preço" (50, 54, 74, 102, 111)

Com Al Pacino e Alec Baldwin

CONCEITOS-CHAVE: clima organizacional; gestão com pessoas; ética e responsabilidade social; e marketing.

O filme se concentra num grupo de vendedores imobiliários (Al Pacino, Jack Lemmon, Ed Harris, entre outros) que luta para salvar seu emprego e algum resquício de dignidade numa organização que se esforça para humilhá-los. Serve de alerta às empresas que tratam seus colaboradores com afagos extras quando produzem bem e com pancadas quando não o fazem. Se o executivo não consegue administrar pessoas sem ameaçá-las, não sabe motivar sem intimidar, vai acabar perdendo em todas as frentes. Os gestores, enfim, interessados em trabalhar com colaboradores motivados e engajados com os objetivos da empresa, devem analisar criteriosamente os atos dos diretores e gerentes retratados na película e fazer exatamente o contrário.

"O último samurai" (58, 117)

Com Tom Cruise

CONCEITOS-CHAVE: trabalho em equipe; treinamento e desenvolvimento de pessoal; estratégias; logística; influência da inovação e tecnologias sobre as pessoas.

Conta a história de um oficial (Tom Cruise) traumatizado pela experiência na guerra civil americana. Ele se vê isolado entre um inimigo supostamente bárbaro e deixa-se absorver por ele a ponto de voltar-se contra suas próprias fileiras. O capitão Nathan Algren (Cruise), sobrevivente da sangrenta batalha de Little Big Horn que afoga a culpa por ter massacrado os índios, em doses amplas de dissolução, cinismo e uísque, o qual financia participando de feiras como garoto-propaganda dos rifles Winchester. No enredo, os americanos são pouco mais do que mercenários, que se aproveitam da onda de ocidentalização que tomou conta do Japão a partir de 1868, para inundar o país de armamentos e consultores militares.

"Piratas da informática" (51, 115)

Com Noah Wyle e Anthony Michael Hall

CONCEITOS-CHAVE: tecnologias da informação; marketing; clima organizacional; gestão com pessoas; estratégia salarial; ética e responsabilidade social corporativa.

Filme sobre Bill Gates (Anthony Michael Hall) e Steve Jobs (Noah Wyle), mostra o início da era da computação pessoal. Os depoimentos de Wozniak (Joey Slotnick) são uma das âncoras emocionais dessa produção, na medida em que revelam as relações mais íntimas de Jobs com as pessoas à sua volta. Bem pesquisado, o filme ilustra detalhes interessantes que caracterizam os macmaníacos mais antigos, como a belíssima motocicleta BMW estacionada no saguão da Apple para inspirar os funcionários. Jobs se referia a ela como arte sobre rodas – "deve-se apreciá-la, não pilotá-la"–, assim como utilizava uma bandeira de pirata tremulando no prédio da equipe que bolou o Macintosh como fator para melhorar o clima organizacional. Esses símbolos são emblemáticos e dizem respeito às crenças e valores compartilhados por Steve Jobs e sua equipe próxima. E a evolução de tais decisões ainda está causando impactos nos dias de hoje, com mudanças e inovações tecnológicas que ainda estão longe de terminar.

"Presente de grego" (22, 52, 139, 144)

Com Diane Keaton e música de Burt Baccharach

CONCEITOS-CHAVE: empreendedorismo; gestão de micro e pequenas empresas; marketing; e gestão com pessoas.

Conta a história de uma executiva (Diane Keaton) de uma grande empresa que muda de vida profissional e pessoal. Executiva em vias de ser promovida a sócia de um escritório de consultoria empresarial, tem sua vida mudada com a chegada de uma criança, que exige dela como mãe adotiva. Com sua experiência profissional anterior, efetua uma pequena pesquisa de campo (inclusive pesquisa de dados como a demografia, crescimento da população e outras informações colhidas na biblioteca) para identificar o comportamento do consumidor local da pequena cidade para onde se mudou. O filme evidencia o processo de recrutamento e seleção das empresas ocidentais, que privilegiam o diploma em escolas de primeira linha (a personagem central é formada em Harvard). A mensagem que ficou é uma verdadeira lição de empreendedorismo e, acima de tudo, um exemplo de superação profissional de uma situação adversa. Enfoca questões relacionadas à ética, dilemas e conflitos pessoais, fazendo aflorar os naturais problemas de relacionamento humano. Aborda, ainda, aspectos relacionados à criação de novos negócios e gestão de micro e pequenas empresas.

"Tempos modernos" (27, 30, 43, 45, 48, 55, 56, 145)

Com Charlie Chaplin

CONCEITOS-CHAVE: administração científica; Escola Clássica; taylorismo; fordismo; clima organizacional; e linha de produção.

Este filme exemplifica bem como funcionavam as indústrias de antigamente. As pessoas eram tratadas como meros recursos a serem alocados ao processo produtivo. Os funcionários não podiam pensar, tampouco expressar sua opinião ou alguma idéia. Precisavam apenas ser eficientes nas tarefas que eram incumbidos de realizar pelo órgão de planejamento central da empresa. O filme evidencia a desumanização do cotidiano de um operário na fábrica e se tornou o embrião de programas de qualidade de vida no trabalho atualmente praticado por muitas organizações.

"Tróia" (58, 91)

Com Brad Pitt

CONCEITOS-CHAVE: liderança; trabalho em equipe; treinamento e desenvolvimento de pessoal; logística; estratégias; alianças e parcerias; e processo decisório.

Superprodução cinematográfica que reconta o clássico episódio imortalizado por Homero. É um evento épico envolvendo Helena, a mulher que provocou a guerra de dez anos (uma verdadeira guerra de proporção mundial) entre troianos e gregos, onde se destacava Aquiles (Brad Pitt) como seu maior guerreiro. É uma história de heroísmo e derrota vergonhosa que se desenrolou em grande escala, com uma armada de 1.000 navios, gigantescos exércitos (nunca dantes reunidos), egos imensos, paixões vulcânicas e destruição de uma civilização. A lendária guerra começou por volta de 1200 a.C. quando Páris (Orlando Bloom), príncipe de Tróia e irmão de Heitor, seqüestra Helena (Diane Kruger), a esposa de Menelau (Brendan Gleeson), o brutal rei de Esparta. A partir daí ocorre uma aliança das principais potências do mundo antigo, ao redor do mar Egeu, capitaneadas por Atenas (do rei Agamenom), contra a cidade-estado de Tróia. Dentro da cidade sitiada, o velho rei Príamo (Peter O'Toole) conta com a proteção das maciças muralhas da cidade, de seu filho Heitor e do deus Apolo para garantir a segurança de seu povo. A guerra de Tróia espelha tal pensamento milenar. É uma ficção rigorosamente fundamentada na *Ilíada*, o clássico de Homero que criou essa obra fundadora da literatura ocidental.

"Tucker - um homem e seu sonho"

(17, 39, 43, 51, 55, 57, 96, 131, 146)

Com Jeff Bridges

CONCEITOS-CHAVE: empreendedorismo; oligopólio (poucas empresas dominando o mercado); finanças; trabalho em equipe; *supply chain management*; inovação e tecnologia; logística; gestão da qualidade; responsabilidade social; e cadeia produtiva.

História de um empreendedor (Jeff Bridges), que cria uma empresa do setor automotivo. Em sua jornada empresarial, encontra-se face a face com decisões relacionadas à gestão com pessoas, à cadeia produtiva e demais ações empresariais de nível estratégico (logística, desenvolvimento de novos fornecedores, pesquisa e desenvolvimento e ações de marketing) e operacional (atividades de chão de fábrica, por exemplo).

"Uma linda mulher" (32, 50, 137, 144, 153)

Com Richard Gere e Julia Roberts

CONCEITOS-CHAVE: atendimento ao cliente; estratégias de remuneração; tipologia de organizações; e ética e responsabilidade social corporativa.

Através do enredo pode-se ter uma visão sistêmica dos bastidores das organizações (industriais, comerciais e de serviços). A empresa prestadora de serviços é evidenciada no escritório do personagem (Richard Gere), que exerce atividades de consultoria financeira, investimentos de capitais e promoção de fusões e aquisições de frágeis empresas industriais (organizações que transformam matérias-primas e insumos em produtos finais e que no enredo do filme se mostram vulneráveis nos mercados em que atuam e, portanto, ficam dependentes do capital financeiro dominado pelos bancos e escritórios financeiros). Mostra que, além do enfoque técnico presente no planejamento corporativo, existe o lado informal e subjetivo que influencia as decisões da alta administração das organizações. São abordadas, ainda, empresas comerciais (organizações do setor competitivo que atuam em comércio varejista de compra e venda de mercadorias). Caracteriza as questões de marketing, sempre presentes no comércio varejista, quando os clientes não são tratados com a devida atenção.

"Wall Street: poder e cobiça" (10, 51, 53, 55, 69, 70, 97, 153)

Com Michael Douglas, Martin Sheen e Charlie Sheen

CONCEITOS-CHAVE: planejamento de carreira; clima organizacional; globalização e internacionalização dos mercados; governança corporativa; estratégias empresariais; e responsabilidade social corporativa.

O enredo está focalizado em uma corretora de valores onde Bud Fox (Charlie Sheen), um de seus executivos de contas, resolve se tornar um profissional bem-sucedido. O filme evidencia os efeitos da globalização dos mercados de capitais do mundo inteiro e é uma lição de recursos humanos em termos do que "não deve ser" o planejamento de carreiras, avaliação de desempenho e estratégias de cargos e salários. Ilustra a força da informação financeira como recurso estratégico para a tomada de decisões empresariais. Ou seja, a real alavancagem dos negócios do megafinancista Gekko é seu controle de informações, que o capacita a conhecer profundamente o mercado. Mostra, ainda, os bastidores do poder e o aspecto predatório do processo de aquisição, fusão, cisão e incorporação de empresas.

Outros filmes

"A conquista do paraíso - Colombo"

Com Gerard Depardieu.

CONCEITOS-CHAVE: Empreendedorismo; planejamento; liderança; e trabalho em equipe.

"A queda do Império Romano" (43)

Com Omar Sharif e Cristopher Plummer.

CONCEITOS-CHAVE: Administração pública; liderança; e planejamento.

"Amazônia em chamas"

Com Raul Julia e Sonia Braga.

CONCEITOS-CHAVE: Responsabilidade social corporativa; e gestão ambiental.

A rede (116, 117)

CONCEITOS-CHAVE: tecnologias da informação; ética e responsabilidade social corporativa.

A arca de Noé (121)

Com Jon Voight, James Coburn e Sidney Poitier

CONCEITOS-CHAVE: processo de tomada de decisões; burocracia; e em-preendedorismo.

Beijos de chocolate

Com Jason Alexander e Nia Peples

CONCEITOS-CHAVE: empreendedorismo; comunicação; cultura organizacional; gestão de micro e pequenas empresas; criação de novos negócios; marketing; e atendimento ao cliente.

Cadillac man (131, 138)

Com Tim Robbins e Robin Williams

CONCEITOS-CHAVE: clima organizacional; e indicadores de desempenho.

Doze homens e uma sentença (49, 58)

Com Henry Fonda

CONCEITOS-CHAVE: liderança; ética e responsabilidade social; negociação empresarial; e trabalho em equipe.

Esquentando o Alaska (49)

Com Russell Crowe e Burt Reynolds

CONCEITOS-CHAVE: trabalho em equipe; liderança; treinamento; estratégias empresariais; clima organizacional; e marketing

Ford: o homem e a máquina (27)

Com Cliff Robertson

CONCEITOS-CHAVE: taylorismo; fordismo; escola clássica; administração científica

Hackers: piratas de computador

Com Angelina Jolie e Jonny Lee Miller

CONCEITOS-CHAVE: influência das tecnologias da informação.

Homens de honra (49)

Com Robert de Niro e Cuba Gooding Jr.

CONCEITOS-CHAVE: treinamento; trabalho em equipe; e liderança.

Jerry McGuire (49, 51, 52)

Com Tom Cruise

CONCEITOS-CHAVE: liderança; trabalho em equipe; e mudanças organizacionais.

Momentos decisivos (49, 50, 58)

Com Gene Hackmann

CONCEITOS-CHAVE: trabalho em equipe; liderança; e mudanças organizacionais.

O dia depois de amanhã (59)

Com Dennis Quaid

CONCEITOS-CHAVE: ética; responsabilidade social corporativa; gestão ambiental; globalização; inovação tecnológica; e administração pública.

O nome da rosa (24)

Com Seann Connery

CONCEITOS-CHAVE: ética e responsabilidade social corporativa; taylorismo; Escola Clássica; escola burocrática; treinamento; e clima organizacional.

O resgate do soldado Ryan (58)

Com Tom Hanks

CONCEITOS-CHAVE: liderança; logística; planejamento corporativo; estratégias trabalho em equipe; Escola Clássica; e administração científica.

Os doze trabalhos de Asterix

Desenho animado

CONCEITOS-CHAVE: trabalho em equipe; clima organizacional; ética e responsabilidade social; burocracia; e administração pública.

Simone (52)

Com Al Pacino e Catherine Keeler

CONCEITOS-CHAVE: responsabilidade social corporativa; liderança; clima organizacional; finanças; tecnologias da informação; marketing; e produção e logística.

Titanic (47)

Com Leonardo DiCaprio

CONCEITOS-CHAVE: ética; e responsabilidade social corporativa; planejamento empresarial; crenças e valores.

Um domingo qualquer (49, 50, 58)

Com Al Pacino e Cameron Diaz

CONCEITOS-CHAVE: trabalho em equipe; liderança; e mudanças organizacionais.

Uma mente brilhante (83)

CONCEITOS-CHAVE: processo de tomada de decisões; microeconomia; e gestão de instituições de ensino.

Uma mulher de classe (49, 51, 52, 57)

Com George Hamilton, Brigitte Nielsen e Corey Feldmann

CONCEITOS-CHAVE: trabalho em equipe; empreendedorismo; liderança; terceirização de mão-de-obra; subcontratação de serviços; gestão de serviços especializados; marketing; pesquisa; e desenvolvimento de novos produtos

Apêndice B

FILMES RELACIONADOS POR MATÉRIAS E DISCIPLINAS

Os filmes são apresentados a seguir têm enfoques que podem ser aplicados, pedagogicamente, em classe.

Filmes	**Conceitos**
A Batalha de Mary Kay *(Com Shirley Mc Laine)*	Empreendedorismo Criação de novos negócios Trabalho em equipe Liderança Motivação Marketing
A firma *(Com Tom Cruise)*	Ética Responsabilidade social Planejamento de carreira Cultura organizacional Clima organizacional Direito instrumental

Filmes	Conceitos
A Fraude (O caso Bahrings) *(Com Ewan Mc Gregor)*	Governança corporativa Responsabilidade social Ética Evidenciação (*disclosure*)
A história de uma fraude - o caso Enron *(Com Kennet Lay)*	Governança corporativa Responsabilidade social Planejamento de carreira Avaliação de desempenho Estratégias de cargos e salários Clima organizacional Globalização e internacionalização dos mercados
A queda do Império Romano *(Com Omar Sharif e Cristopher Plummer)*	Liderança Cultura Crenças e valores Planejamento corporativo Escola clássica Mudanças organizacionais Abordagem das relações humanas
Adorável professor - Mr. Holland *(Com Richard Dreyfuss)*	Mudança organizacional Trabalho em equipe Liderança Processo ensino-aprendizagem Analogia do regime de trabalho em um ambiente de orquestra

Filmes	Conceitos
Ameaça virtual *(Com Tim Robbins e Ryan Phillippe)*	Tecnologias da informação Liderança Clima organizacional Ética Responsabilidade social corporativa Qualidade de vida no trabalho
Apolo 13 - do desastre ao triunfo *(Com Tom Hanks e Ed Harris)*	Inovação tecnológica e métodos de trabalho Trabalho em equipe Treinamento Planejamento corporativo Liderança
Até o limite da honra *(Com Demi Moore)*	Treinamento e desenvolvimento Trabalho em equipe Clima organizacional Liderança Administração científica Escola clássica
Com o dinheiro dos outros *(Com Danny deVito e Gregory Peck)*	Inovação tecnológica Ética e responsabilidade social Governança corporativa Liderança Finanças Globalização e internacionalização dos mercados Clima organizacional

Filmes	Conceitos
Corrente do bem *(Com Kevin Spacey e Angie Dickinson)*	Liderança Responsabilidade social Administração de conflitos Processo ensino-aprendizagem
Do que as mulheres gostam *(Com Mel Gibson e Helen Hunt)*	Marketing Comportamento do consumidor Segmentação de mercado Foco no cliente Atendimento a clientes Trabalho em equipe Gestão de organizações prestadoras de serviços especializados
Doze homens e uma sentença *(Com Henry Fonda)*	Liderança Ética e responsabilidade social Negociação empresarial Trabalho em equipe Direito Penal
Encontrando com Forrester *(Com Seann Connery)*	Ética Responsabilidade social Gestão de instituições de ensino

Filmes	Conceitos
Erin Brockovich *(Julia Roberts e Albert Finney)*	Liderança Gestão ambiental Negociação empresarial Administração de conflitos Trabalho em equipe Ética e responsabilidade social corporativa
Ford: o homem e a máquina *(Com Cliff Robertson)*	Fordismo Taylorismo Controladoria Estratégias de produção
Homens de honra *(Robert de Niro e Cuba Gooding Jr)*	Planejamento de carreira Avaliação de desempenho Liderança Etica e responsabilidade social corporativa Treinamento e desenvolvimento de pessoal
Legalmente loira 2 *(Com Sally Fields e Reese Witherspoon)*	Direito instrumental Seleção de candidatos Gestão de instituições de ensino Cultura organizacional

Filmes	Conceitos
Mauá - o imperador e o rei *(Com Paulo Betti e Malu Mader)*	Empreendedorismo Etica e responsabilidade social Liderança Treinamento Macroeconomia Globalização e internacionalização dos mercados
Mestre dos mares - o lado mais distante do mundo *(Com Russel Crowe)*	Trabalho em equipe Liderança Planejamento corporativo Clima organizacional Estratégias empresariais Administração salarial Treinamento e desenvolvimento de pessoal
Minority Report: a nova lei *(Com Tom Cruise)*	Tecnologias da informação Teletrabalho Ética Invasão de privacidade Responsabilidade social corporativa
Momentos decisivos *(Com Gene Hackmann)*	Trabalho em equipe Liderança Planejamento Clima organizacional Estratégias empresariais Treinamento e desenvolvimento de pessoal

Filmes	Conceitos
O amor é contagioso *(Com Robin Williams)*	Empreendedorismo Trabalho em equipe Responsabilidade social corporativa Qualidade de vida no trabalho Clima organizacional Liderança
O dia depois de amanhã *(Com Dennis Quaid)*	Ética Responsabilidade social corporativa Gestão ambiental Globalização Inovação tecnológica
O gladiador *(Com Russel Crowe e Rex Harris)*	Trabalho em equipe Liderança Estratégias empresariais Administração científica Escola clássica Treinamento e desenvolvimento de pessoal
O informante *(Com Al Pacino e Russel Crowe)*	Governança corporativa Liderança Ética Responsabilidade social corporativa Clima organizacional Inovação tecnológica Administração pública

Filmes	Conceitos
O náufrago *(Com Tom Hanks e Helena Hunt)*	Qualidade de vida no trabalho Clima organizacional Planejamento de carreira Recrutamento e seleção Planejamento corporativo Treinamento e desenvolvimento de pessoal
O nome da rosa *(Com Seann Connery e Christian Slater)*	Taylorismo e fordismo Escola burocrática Treinamento Clima organizacional Ética e responsabilidade social corporativa
O resgate do soldado Ryan *(Com Tom Hanks)*	Liderança Logística Planejamento corporativo Administração Clássica Trabalho em equipe
Os doze trabalhos de Asterix *(Desenho animado)*	Burocracia Trabalho em equipe Clima organizacional Etica e responsabilidade social

Filmes	**Conceitos**
O sucesso a qualquer preço *(Al Pacino, Alex Baldwin, Ed Harris e Jack Lemon)*	Clima organizacional Qualidade de vida no trabalho Liderança Trabalho em equipe Marketing Taylorismo e fordismo Ética e responsabilidade social corporativa
O último samurai *(Com Tom Cruise)*	Trabalho em equipe Cultura organizacional Crenças e valores Estratégias empresariais Logística Inovação tecnológica Treinamento e desenvolvimento de pessoal
Piratas da informática *(Com Noah Wyle e Anthony Michael Hall)*	Tecnologias da informação Liderança Clima organizacional Qualidade de vida no trabalho Trabalho em equipe Estratégia salarial Estratégias empresariais. Ética e responsabilidade social corporativa

Filmes	Conceitos
Presente de grego *(com Diane Keaton)*	Empreendedorismo Liderança e negociação Logística Planejamento corporativo Estratégias de negócios Pesquisa e desenvolvimento de produtos
Sociedade dos poetas mortos *(com Robin Williams)*	Liderança e motivação Trabalho em equipe Mudanças organizacionais Gestão de instituições de ensino Ética
Tempos modernos *(Charlie Chaplin)*	Linha de produção Clima organizacional Qualidade de vida no trabalho Administração científica Taylorismo e fordismo
Tróia *(Com Brad Pitt)*	Liderança Trabalho em equipe Logística Estratégias empresariais Treinamento e desenvolvimento de pessoal

Filmes	**Conceitos**
Tucker - um homem e seu sonho *(Com Jeff Bridges)*	Logística Inovação e tecnologia Gestão da qualidade Responsabilidade social corporativa Intra-empreendedorismo Liderança Trabalho em equipe Recrutamento e seleção Cadeia produtiva e *supply chain management*
Uma linda mulher *(Com Richard Gere e Julia Roberts)*	Governança corporativa Estratégias de remuneração Liderança Clima organizacional Atendimento a clientes Marketing Etica e responsabilidade social corporativa Gestão empresarial em organizações de diferentes segmentos econômicos

Filmes	Conceitos
Uma mulher de classe *(Com George Hamilton e Brigitte Nielsen)*	Empreendedorismo Trabalho em equipe Liderança Terceirização de mão-de-obra Subcontratação de serviços Gestão de serviços especializados Marketing Pesquisa e desenvolvimento de novos produtos
Wall Street: poder e cobiça *(Com Michael Douglas, Martin Scheen e Charlie Scheen)*	Governança corporativa Responsabilidade social corporativa Planejamento de carreira Clima organizacional Qualidade de vida no trabalho Liderança Estratégias corporativas Finanças Globalização e internacionalização dos mercados Investimentos e volatilidade de capitais

Bibliografia

- Automação & Código de Barras. - Automação & Código de Barras: tecnologias da informação e captura de dados. São Paulo: Publicare, 2005.

- BENNIS, Warren - Formação do líder. São Paulo: Atlas, 1996.

- CADE - Conselho Administrativo de Defesa Econômica. Relatório referente à aquisição da Chocolates Garoto S.A. pela Nestlé Brasil Ltda. Disponível na Internet http: www.cade.gov.br Acesso em 17/09/04.

- EXAME - 2004 - 2006 - Melhores & Maiores. Editora Abril, São Paulo.

- GARRETT, A. e DIAS, F. L. - Grandes idéias, líderes especiais, empresas vitoriosas: O ato de gerenciar pessoas com sucesso. São Paulo: Editora Gente, 2003.

- GAZETA MERCANTIL. Balanços e Demonstrações Financeiras de S.A.s publicadas. Diversos exemplares. São Paulo. 2006.

- GESTÃO e RH - Os RHs mais admirados do Brasil. Editora Gestão & RH. São Paulo, 2006.

- HANDY, Charles. *The Age of Unreason.* London: Arrow, 1989.

- HERZBERG, Frederick. *Work and Nature of Man.* Cleveland: World, 1966.

• HOFSTEDE. Culture Consequences: International Diferences in Work-Related Values. London: Sage, 1980.

• HUBERMAN, L. - História da riqueza do homem. 21ª edição. Livros Técnicos e Científicos - LTC. Rio de Janeiro, 1986.

• PETERS, Thomas and Robert Waterman, Jr. In Search of Excellence: Lessons from America's Best-Run Companies. London: Harper & Row, 1989.

• SMITH, Adam. A riqueza das nações. S. Paulo: Nova Cultural, 1988.

• SUN TZU - A arte da guerra. Adaptação de James Clavell: tradução de José Sanz. 31ª edição. Rio de Janeiro: Record, 2003.

• TACHIZAWA, T. - Gestão ambiental e responsabilidade social corporativa focada na realidade brasileira. 4ª. edição. São Paulo: Editora Atlas, 2006.

• TACHIZAWA, T. - Gestão de negócios: visões e dimensões da organização. 2ª. edição. São Paulo: Editora Atlas, 2006.

• TACHIZAWA, T. e ANDRADE, R.O.B. - Gestão de instituições de ensino. 4ª edição. Rio de Janeiro: Editora Fundação Getúlio Vargas, 2006.

• TACHIZAWA, T. & REZENDE, W. - Estratégia empresarial, tendências e desafios: um enfoque na realidade brasileira. São Paulo: Makron Books, 2000.

• TACHIZAWA, T. , PARADELA, V. C. e FORTUNA, A. A. M. - Gestão com pessoas: uma abordagem aplicada às estratégias de negócios. 3ª edição. Rio de Janeiro: Editora Fundação Getúlio Vargas, 2004.

• TACHIZAWA, T. - Organizações não-governamentais e terceiro setor: criação de ONGs e estratégias de atuação, 2ª edição. São Paulo: Editora Atlas, 2006.

• TACHIZAWA, T. e MELLO, A. - Estratégias empresariais e o teletrabalho: um enfoque na realidade brasileira. Rio de Janeiro: Editora Pontal, 2003.

• TACHIZAWA, T. - Metodologia da pesquisa aplicada à administração: a internet como instrumento de pesquisa. Rio de Janeiro: Editora Pontal, 2002.

• TACHIZAWA, T. e FARIA, M.S. - Criação de novos negócios: gestão de micro e pequenas empresas. 2ª edição revista e ampliada. Rio de Janeiro: Editora Fundação Getúlio Vargas, 2004.

• TACHIZAWA, T. - Organização flexível: qualidade na gestão por processos. 2ª edição, São Paulo: Editora Atlas, 2003.

• TACHIZAWA, T. & ANDRADE, R. O. B. - Tecnologias da informação aplicadas às instituições de ensino e às universidades corporativas. São Paulo: Editora Atlas, 2003.

• TACHIZAWA, T., CRUZ JUNIOR, J.B. e ROCHA, J.A. O. - Gestão de negócios: visões e dimensões empresariais da organização. 2ª edição. São Paulo: Editora Atlas, 2004.

Sites úteis para pesquisa

- Câmara Brasileira de Comércio Eletrônico (teletrabalho)
  www.camara-e.net

- Confederação Nacional das Indústrias
  www.cni.org.br

- Fundação Prêmio Nacional da Qualidade
  www.fpnq.com.br

- Instituto Brasileiro de Geografia e Estatística - IBGE
  www.ibge.gov.br

- Instituto IDC
  www.idc.com

- Fiesp (Indicadores de Competitividade da Indústria)
  www.fiesp.org.br

- Gestão e RH
  www.gestaoerh.com.br

- BBC série televisa Euroseries - Programa The Office
  www.bbc.co.uk/comedy/theoffice

- Harbor Research
  (pesquisas sobre o trabalho no contexto das novas tecnologias)
  www.harborresearch.com

- Portal de Recursos Humanos - TV1.com
  www.canalrh.com.br

- Enron
  www.enronsouthamerica.com

- Universal Studios
  www.universalstudios.com

- T.N.T. - MGM - Hallmark
  www.tntla.com
  www.hallmark.com
  www.hallmarkchannel.tv
  www.mgm.com

- Revista *Gestão RH em Síntese*
  www.gestaoerh.com.br

- Revista *Veja*
  www.veja.com.br
  www.vejanasaladeaula.com.br

- Recall Ledger Contadores & Consultores
  www.recall-ledger.com.br

- Doutores da Alegria - organização não-governamental
  www.doutoresdaalegria.org.br

- Social Accountability International (SAI)
  http://www.saintl.org/Accreditation/CertifiedFacilities.htm

Anotações

Direção editorial
MIRIAN PAGLIA COSTA

Direção da Coleção Gestão & Pessoas
ALEXANDRE GARRETT

Coordenação de produção
HELENA MARIA ALVES

Preparação de texto
CRISTINA RAMALHO

Revisão de provas
RITA DE SOUSA

Capa
ANDRÉ PAIVA

Projeto gráfico e editoração eletrônica
SIMONI FERRARA

Filmes
JOIN BUREAU

Impressão e acabamento
ASSAHI

Impresso no Brasil
Printed in Brazil

Formato	*16 × 23 cm*
Mancha	*11,5 × 18 cm*
Tipologia	*Garamond*
Papel	*Cartão Supremo 250 g/m2 (capa)*
	Chamois Fine 80 g/m2 (miolo)
Páginas	*208*